汉语文化双向教程

(准中级)

Intermediate Chinese
A Cultural Approach

(A Bridging Course)

杨瑞　李泉　编著

北京语言大学出版社

（京）新登字 157 号

图书在版编目(CIP)数据

汉语文化双向教程/杨瑞，李泉编．
—北京：北京语言大学出版社，2005 重印
准中级课本
ISBN 7－5619－0694－3

Ⅰ．汉…
Ⅱ．①杨…　②李…
Ⅲ．对外汉语教学－教材
Ⅳ．H195．4

中国版本图书馆 CIP 数据核字（1999）第 02247 号

书　　名：汉语文化双向教程
责任印制：汪学发

出版发行：北京语言大学出版社
社　　址：北京市海淀区学院路 15 号　邮政编码 100083
网　　址：http://www.blcup.com
电　　话：发行部　82303648/3591/3651
　　　　　编辑部　82303647
　　　　　读者服务部　82303653/3908
印　　刷：北京北林印刷厂
经　　销：全国新华书店

版　　次：1999 年 4 月第 1 版　2005 年 4 月第 3 次印刷
开　　本：787 毫米×1092 毫米　1/16　印张：14.25
字　　数：300 千字　印数：7001－9000 册
书　　号：ISBN 7－5619－0694－3/H·9902
定　　价：36.00 元

INTRODUCTION

RATIONALE. This course lays equal stress on both language and culture. The language of the text has been generally controlled in the post-beginning and preintermediate stage that marks a transition from elementary to intermediate.

TARGETS. This course is designed for foreign learners of the Chinese language and culture in China, suitable for students who have learned basic Chinese grammar and with a grasp of 1200 common Chinese words and expressions, and 850 Chinese characters. Roughly, it can be used by the students who have learned elementary Chinese course (with not less than 15 classroom lessons each week) for two years in their own countries, or those who have completed one year elementary Chinese course in China and master basic Chinese grammar.

GENERAL PRINCIPLES. This course has been developed with an eye to culture and a start at language. The principle of the combination of the culture, structure and function is a practical strategy with integrating culture study and language study. And the student-centered principle has been tried to make the selected material and expressions engage the student's interests and fill his needs.

OBJECTIVES. This course can meet the desiring needs of the foreign students who comes to China to learn about Chinese culture and improve the ability to communicate in Chinese, and go through the passage from beginning to intermediate. The following basic aims should be reached:

(1) The content of this textbook is based on Beijing and not confined to Beijing. The materials of culture have been selected with consideration on various aspects — small or large, ancient or modern, high or pop-

ular. The textbook does not intentionally seek for the systemization and generality of culture, but for the national representativeness and local features of culture, paying attention to the cultural contrasts between ancient and modern, Chinese and foreign. This will deepen the student's impression on some aspects of the history and culture of China and Beijing.

(2) With emphasis on practice — the culture study should be the combination of culture practice and language practice. This course has an aim to lead the teaching from classroom to society, from book to reality. The student should make full use of his opportunity to study in China — to learn about and feel culture; to learn about and understand China; to use and acquire Chinese.

(3) On keeping the cultural taste and interesting content, we lower the difficulty of language; thus, the book is "convenient to use". The language of the text is standard and practical; the teaching of language knowledge and the training in communicative skills have been put emphasis on; the communicative functional items and a lot of various exercises have also been provided. And these make the textbook "a useful tool".

ARRANGEMENT OF MATERIAL. This course consists of 16 lessons, each of which is divided into two parts — **Dialogue** and **Short Passage**. The two parts either focus on a same topic at different angles or discuss two related topics, and thus form an independent unit of instruction. **Dialogue** is the basis of **Short Passage** and **Short Passage** the development of **Dialogue**. The dialogues of the textbooks have been connected from beginning to end through several main characters like the teacher Zhang, David and Molly. This method is convenient for discussions on the text and thus brings each teaching unit as one. Each lesson is arranged in the following order: Dialogue — New Words — Short Passage — New Words — Notes —Functions —Exercises. This presentation can not only highlight the culture content but also conduct the training of the language intensively.

ALLOCATION OF TIME. The design of this course should be found suitable for different teaching periods. It can be used for one academic year (34 weeks) if two classroom lessons each week are spent; and it can used as a main course for short-term program students who come to study in China for seven or six weeks if eight or ten classroom lessons are spent. Because of the elastic content of culture textbooks, the text can be simply taught or invite deep study or discussion. For this reason, the allocation of time of this course can be made flexibly according to actual circumstances.

Compiling an intermediate reader with integration of language study and culture study was the idea of Yang Rui of Dickinson College, Pennsylvania, USA, who invited Li Quan of Language and Culture Institute for Overseas Students, China Renmin University, to realize it. During Li Quan taught at Dickinson College from 1996 to 1997, the compiling work was jointly done. The preliminary design was outlined by Li Quan, and the two worked out the compiling program accordingly and set the content of each lesson. The part of Dialogue and all the English translation in the textbook were attributed to Yang Rui, and the parts of Short Passage, Notes, Functions and Exercises were the credit of Li Quan. And the dialogues and short passages were decided by both out of repeated discussions. Li Quan has made some necessary revisions after a trial of the textbook. The compilers would like to thank the student of Dickinson College Heather Thomas who gave assistance on the texts. The compilers would also like to appreciate the warm support of the Beijing Language and Culture University Press.

The Compilers

说　　明

定性定位　本教材语言和文化并重，故名“双向”。课文语言力求总体上把握在初级到中级的过渡状态，即略高于初级阶段，接近于中级入门阶段，故曰“准中级汉语文化课本”。

使用对象　《双向》专为来华学习汉语和文化的外国学生而设计。适合学过基础汉语语法，掌握1200个常用词语和850个常用汉字的学生使用。大致地说，凡在国外学过两年初级汉语(每周不少于5学时)的来华学生，或在中国学过一年初级汉语，掌握基础汉语语法的学生均可使用。

编写原则　《双向》从文化着眼，从语言入手。采取文化、结构和功能相结合的原则，力求把文化教学和语言教学结合起来。采取以学生为中心的原则，力求使内容的选择和表达适合学生的兴趣和需要。

教材目标　《双向》以满足来华外国学生渴望了解中国文化和强化性提高汉语交际能力的需要，并较好地实现由初级到中级的顺利过渡为目的。具体说来，《双向》试图达到这样几个目标：

(1)本教材立足于北京，不限于北京。文化内容的选择力求点面结合、古今兼顾、雅俗并存。不刻意追求文化的系统性和概括性，而是注重文化的民族代表性和地方独特性。注重文化的古今对比和中外对比。力求视点有一定的新度，内容有一定的深度。使学生对中国、对北京的历史和文化的某些方面有个深刻的印象。

(2)注重实践性，倡导文化学习和文化实践、语言实践相结合。本教材力求能够指导教学走出课堂走向社会，走出书本走进现实。充分利用来华来京学习的有利条件，学习文化感受文化；了解中国理解中国；运用汉语习得汉语。

(3)力求在保证文化品位和内容有趣的前提下，把语言难度降下来，使课本“好用”。课文语言力求规范、实用，同时重视语言知识的传授和言语技能的训练，设立交际功能项目，加大练习的力度，使课本“有用”。

教材体例　《双向》共有16课。每课课文包括“对话”和“短文”两部分。这两部分或者是从不同角度谈论同一个话题，或者是讨论两个相关相近的话题，从而构成一个相对独立的教学单元。其中，对话是短文的基础和铺垫，短文是对话的深入或照应。吴老师、大为和茉莉等几个固定人物贯穿在对话部分的始终。从而不仅便于内容的展开和讨论，也因此把每一个教学单元联系起来，使课文松而不散，连而不断。课本采取如下体例：对话—生词—短文—生词—注释—功能—练习。把对话和短文两部分的注释、功能和练习按先后顺序编排在一起，既是为了突出“文化内容”，加深印象；也是为了使“语言内容”相对集中，便于技能训练。

教学时限 《双向》设计可以适合不同教学时限的需要。若每周2学时，可使用一学年(34周)；若每周4学时，可使用一学期(17周)；若每周8—10学时，可作为7或6周短期班来华学生的主干教材。由于文化教材内容弹性较大，既可以就课文教课文，也可以就课文作更深入的学习和探讨。因此，对《双向》设计的教学时限可根据实际情况灵活处理。

编写一本中级语言文化课本，是美国宾夕法尼亚州狄根森学院(Dickinson College)杨瑞首先提出的，并约请中国人民大学对外语言文化学院李泉共同编写。1996～1997年李泉赴狄根森学院任教期间两人合作完成了教材的编写。具体分工是，先由李泉提出初步的编写设想，在此基础上由两人共同制定了编写方案，并确定了每一课的编写内容。对话和全书的英文翻译由杨瑞执笔；短文、注释、功能和练习由李泉执笔。其中，对话和短文是两人反复讨论后确定的。初稿完成后由李泉在试用的基础上进行了必要的文字处理。《双向》在课文的编写过程中，美国狄根森学院学生汤海芝(Heather Thomas)协助我们做了一些工作，特此申谢。北京语言文化大学出版社对本教材的出版给予了热情的支持，在此表示感谢。

编　者

目　录 MULU

第一课

1. 对话

我们下星期就要去北京了

狄一鸥：喂，大为！听说你和茉莉就要去北京学习了，是吗？

大　为：是啊。

狄一鸥：你们哪天出发？

大　为：下星期二早上出发，星期三下午就到了。哎，你去年在中国待了一年，你觉得怎么样？

狄一鸥：非常有意思。当然一开始不太习惯，办什么事儿也找不着地方。比方说，邮局在哪儿，银行在哪儿，怎么寄信、换钱，都不清楚。好不容易买了一辆自行车，没过几天就丢了。

大　为：这么说，北京的小偷非常厉害，是不是？

狄一鸥：也不一定。不过自行车比较容易丢，所以北京人买了新车，晚上都把它搬到房间里去，或者就买一辆老爷车。我后来就买了一辆老爷车。那辆车又破又旧，除了铃儿不响，哪儿都响。晚上放在外边，小偷也不感兴趣了。

大　为：对！买辆旧车是个好办法。狄一鸥，你在北京还有什么不习惯的？

狄一鸥：还有就是路上车多人挤，除了自行车和行人，还有数不清的公共汽车、小汽车、小公共和出租汽车。我刚到北京的那几天，简直都不敢过马路。

大　为：小公共跟公共汽车有什么不一样？

狄一鸥：小公共都是私人承包的，可以让乘客随时上下车，不像公共汽车，只能在车站停车。而且上小公共的每位乘客都有地方坐。不过，车票也比公共汽车贵。上车以前，你要先问清楚到你去的地方是多少钱，免得挨宰。

大　为：我听说有的中国人喜欢宰老外，那我到了北京坐出租会不会挨宰？

狄一鸥：我想不会，因为出租车司机都打表走，所以中国人和外国人坐车花的钱都是一样的。

大　为：这我就放心了。

狄一鸥：以后你在北京待的时间长了，就会发现，北京的出租汽车司机很喜欢侃大山。他们谈新闻，讲笑话，有时候也说他们自己的事。在美国可不容易遇到这样有意思的司机。

大　为：听你这么一说，我真想明天就飞到北京去，也跟那儿的司机侃一侃，听一听北京的"汽车新闻"。

生词

1. 哎	（叹）	āi	（used to remind sb. of sth.）Hi!
2. 待	（动）	dāi	stay
3. 当然	（副，形）	dāngrán	of course; natural
4. 习惯	（动，名）	xíguàn	be used to; habit
5. 比方(说)		bǐfang(shuō)	for example
6. 好不容易		hǎoburóngyì	with great difficulty, after much trouble
7. 丢	（动）	diū	lose（something）
8. 小偷	（名）	xiǎotōu	thief
9. 不过	（连）	búguò	however, only that...
10. 老爷车		lǎoyechē	really old bike or car
11. 破	（形，动）	pò	broken, worn-out; break
12. 铃儿	（名）	língr	bell
13. 响	（形，动）	xiǎng	noisy; ring, make a noise
14. 办法	（名）	bànfǎ	method, way, means
15. 行人	（名）	xíngrén	pedestrian
16. 数不清		shǔbuqīng	countless, numerous
17. 简直	（副）	jiǎnzhí	simply, at all
18. 敢	（助动）	gǎn	dare
19. 私人	（名）	sīrén	private(ly)
20. 承包	（动）	chéngbāo	contract out
21. 乘客	（名）	chéngkè	passenger
22. 随时	（副）	suíshí	anytime
23. 免得	（连）	miǎnde	so as to avoid
24. 挨宰		ái zǎi	be overcharged
25. 打表		dǎ biǎo	run the meter
26. 发现	（动，名）	fāxiàn	discover, realize; discovery
27. 侃大山		kǎn dàshān	（slang）chat a lot; have a wild chat
28. 遇	（动）	yù	run into, meet

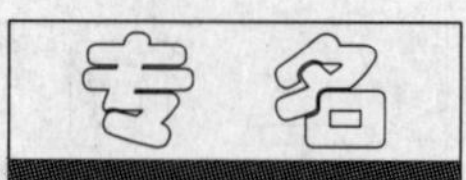

1. 狄一鸥	Dí Yī'ōu	name of a student
2. 大为	Dàwéi	name of a student
3. 茉莉	Mòlì	name of a student

2. 短文

中国是个发展中国家

中国是一个有五千年历史的农业国，但跟发达国家比，中国的农业并不发达。当今的中国不但是个农业大国，而且还是个人口大国。全世界有五分之一的人口在中国，也就是说，世界上每五个人里就有一个中国人。

"中国人太多了！"中国人和外国人都这么说。人口多可能是当今中国最大的问题。人口多带来了很多社会问题：孩子小的时候上学难，孩子大了升学难，毕了业找工作难，结了婚找房子难，上班下班坐车难……

最近十几年，中国的经济发展很快，从城市到农村，中国人的生活有了很大的变化。但是，在一些大城市里，房子在不停地建，路也在不停地修，可是还是住房难，坐车难；在一些农村，有的地方还正在解决吃和穿的问题。中国还不很富裕，中国的经济和人们的生活比发达国家落后得多。中国是个发展中国家，中国需要发展和建设，中国正在发展和建设。

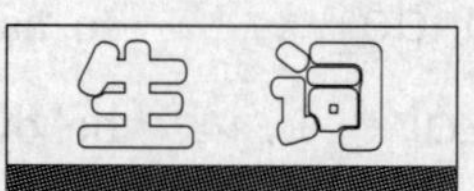

1. 发展	(动)	fāzhǎn	develop
发展中国家		fāzhǎn zhōng guójiā	developing country
2. 发达	(形)	fādá	developed, flourishing
3. 农业	(名)	nóngyè	agriculture

4. 并	（副）	bìng	(used to reinforce the negative)
5. 当今	（名）	dāngjīn	nowadays, at present
6. 人口	（名）	rénkǒu	population
7. 社会	（名）	shèhuì	society; social
8. 升学		shēng xué	go to school at a higher level
9. 经济	（名）	jīngjì	economy, economics
10. 变化	（名，动）	biànhuà	change
11. 不停	（副）	bùtíng	constantly, non-stop
12. 建	（动）	jiàn	build, construct
13. 修	（动）	xiū	repair, build
14. 住房	（名）	zhùfáng	housing
15. 解决	（动）	jiějué	solve
16. 富裕	（形）	fùyù	rich, prosperous
17. 需要	（动）	xūyào	need
18. 落后	（形）	luòhòu	backward
19. 建设	（动）	jiànshè	construct

1. 办什么事也找不着地方

找不着(zháo)，是“找得着”的否定形式。“找不着”即找不到(不能找到)的意思。

V不着(zháo)，意思上大致相当于“V不到/V不上”(不能V到/上)；“V得着”相当于“V得到”(能V到)。其中V主要是少数单音节动词，如“买、看、饿、吃、打、睡、闻、听、碰、抓”等。

2. 没过几天就丢了

没过几天，也可以说成“过了没几天”。这种“没(过)+数量词语”的格式，表示说话人认为时间不长、数量不大。如：

(1) 她走了没过几分钟又回来了。

(2) 没过半年，他就回国了。

(3) 最近没几个人上课，都旅行去了。

3. 除了铃儿不响，哪儿都响

“哪儿＋都/也”表示任指，即表示任何一个(地方)。如：“哪儿都去过了”。

4. 听你这么一说

也可说成“听你这样一说”，用于口语。表示根据对方的某种说法得出的结论。

5. 但跟发达国家比，中国的农业并不发达

语气副词“并”用在“不/没(有)”等的前边，常出现在表示转折的句子中，有否定某种看法，说明实际情况的意味。

6. 毕了业找工作难，结了婚找房子难

汉语中某些动宾式复合词有时可以拆开来使用，即在中间插入“了、着、过”或数量词语等成分。这种可分可合的词也叫离合词。“毕业”“结婚”以及“洗澡、睡觉、考试、见面、上学、生气、发烧、理发、吵架”等，即属此类词语。

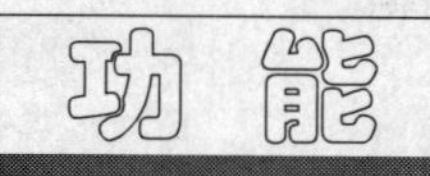

1. 表示传闻 biǎoshì chuánwén

Express hearsay (I heard that...)

听说 你和茉莉就要去北京学习了。
在北京没有自行车很不方便
他已经去过了
______

〔说明〕“听说”也可以说成“我听说……”或“听……说”等，如：“我听李老师说……”“听我同屋说……”。

2. 推测(1) tuīcè

Deduce from what the other said (So you mean.../ So it meams...)

这么说，北京的小偷非常厉害，是不是？
你也知道这件事了
你妈妈又不同意你去了
______

〔说明〕“这么说”只能用于根据对方所说做出的推断。

3. 避免出现某情况　bìmiǎn chūxiàn mǒu qíngkuàng

In order to avoid something

上车前要问问价钱，**免得**挨宰。

晚上别喝咖啡了　　睡不着觉

要常给家里写信　　他们担心

________　________

〔说明〕“免得”多用于口语，意义和用法与“省得”、“以免”基本相同。“省得”用于口语，“以免”用于书面语。

4. 比较(1)　bǐjiào

Comparison

跟发达国家**比**，中国的农业并不发达。

西方人　　日本人学汉语比较容易

你们　　我已经不年轻了

________　________

5. 换个说法　huàn gè shuōfǎ

Say something in a different way (In other words.../ It is also to say...)

(也)就是说，世界上每五个人就有一个中国人。

只有在周末才能回家

你已经决定不去了？

____

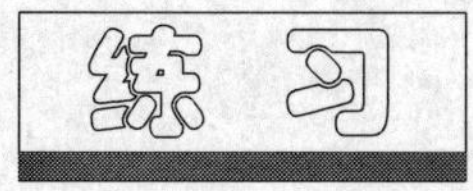

一、根据课文填空

1. 你去年在北京____了一年，你觉得怎么样？

2. 一开始不太习惯，____什么事儿也找不____地方。

3. 好不容易买了一辆自行车，没____几天就丢了。

4. 北京人买了新车，晚上都把它搬____房间里去。

5. 除了铃儿不响，____都响。

6. 我刚到北京的那几天，简直都不敢____马路。

7. 小公共跟公共汽车____什么不一样。

8. 小公共都是私人承____的，可以让乘客随____上下车，不像公共汽车，只能在车站____车。

9. 听你这么一说，我真想明天就飞____北京去！

10. 当今的中国不____是个农业大国，而____还是个人口大国。

11. 人口多会带____很多社会问题。

12. 从城市____农村，中国人的生活____了很大的变化。

13. 中国还很不富____，中国的经济和人们的生活____发达国家落后得____。

二、完成句子

1. 我去了很多商店，哪儿________________。

2. 来以前给我打个电话，免得________________________。

3. 跟____________比，中国的东西比较便宜。

4. 王老师对我说，________________________________。（随时）

5. 来北京后我发现______________________________。

6. 你来电话的时候，__________________________。（正在）

三、填上适当的词语

1. 换<u>钱</u>　　　　2. 没过<u>几天（就丢了）</u>

　__　　　　　　________

　__　　　　　　________

3. 过马路　　　　　　4. 随时上下车

____　　　　　　____

____　　　　　　____

四、英译汉

1. I heard that you have been to Shanghai.

2. You stayed in China for a year. What do you think of it?

3. At first, I was not used to it. Now it's much better.

4. I bought a bike, and lost it only a few days later.

5. The Chinese economy has developed very quickly in the past two decades.

6. A large population has brought about many social problems.

五、回答问题

1. 狄一鸥刚到北京时有哪些不习惯？

2. 小公共和公共汽车有什么不同？

3. 你刚到中国时有哪些不习惯的？现在呢？

4. 说说人口多都会带来哪些社会问题。

六、背诵短文《中国是个发展中国家》

2

第二课

1. 对话

读万卷书　行万里路

吴老师：请进！你们两位是……？

大　为：我们是美国狄根森学院的学生。我叫大为，大有作为的大为。

茉　莉：我叫茉莉，茉莉花的茉莉。

吴老师：欢迎，欢迎！这学期我教你们文化课。我姓吴，叫吴思齐。

以后你们就叫我吴老师吧！

大、茉：吴老师，您好！

吴老师：你们好！来，这边坐。你们是什么时候到的？

茉　莉：我们是前天到的。昨天因为时差，我们睡到中午才起床。下午在校园里走了走，看了看教室、食堂、邮局和商店。

吴老师：你们路上辛苦了，这两天要好好儿休息一下，下个星期我们就上课了。

大　为：吴老师，我们来是想问一问这个学期的文化课怎么上，不知您现在有没有空儿？

吴老师：有空儿。这门课实际上是一门语言文化课。上这门课的目的有两个，一个是要提高大家的汉语水平，另一个是要加深同学们对中国文化的了解。

茉　莉：我们一个星期上几次课？

吴老师：两次。一次在学校上，另一次到校外参观访问。

大　为：我们去什么地方呢？

吴老师：北京是一座历史名城，有很多地方都值得去看一看。比方说故宫、长城、颐和园、天坛、白云观，还有数不清的小胡同儿和四合院儿。

大　为：太好了！这些都是我早就想去的地方。

茉　莉：在美国，有一次我还梦见我到了长城呢！

吴老师：是吗？这么说你们对这门课很有兴趣，那好。中国古代有一句话，叫做"读万卷书，行万里路。"意思是说，有很多知识在课堂上是学不到的，只有在社会上，在旅行中，多看，多想，多问，才能学到。在这种时候，你们遇到的人往往就是你们的老师，也是我的老师。

茉　莉："读万卷书，行万里路。"这句话说得太好了！以前孔子是不是就是这样教学生的？

吴老师：问得好！孔子就是这样教学生的。所以后来他的弟子从政、经商、做学问，不少人都很成功。看来，你对中国的历史人物还比较熟悉。

茉　莉：哪里，我也是一知半解。

大　为：不早了，吴老师，耽误了您很多时间，我们该走了。

吴老师：没关系。今天咱们谈得很好，以后你们有什么问题或者有什么建议，可以随时来找我。

大　为：好。我们一定来。谢谢吴老师，再见。

生词

1. 读万卷书，行万里路		dú wàn juàn shū, xíng wàn lǐ lù	read ten thousand books and travel ten thousand miles
2. 大有作为		dà yǒu zuòwéi	accomplish a great deal
3. 茉莉花	（名）	mòlìhuā	jasmine flower
4. 时差	（名）	shíchā	jet lag, time difference
5. 好好儿	（副）	hǎohāor	(do something) well
6. 实际上		shíjìshàng	in fact, actually
7. 目的	（名）	mùdì	purpose, aim
8. 水平	（名）	shuǐpíng	level, standard
9. 另	（指）	lìng	other, another
10. 加深	（动）	jiāshēn	deepen
11. 值得	（动）	zhíde	worth
12. 胡同儿	（名）	hútòngr	lanes in old Beijing
13. 四合院	（名）	sìhéyuàn	traditional compound in Beijing
14. 梦见	（动）	mèngjiàn	dream of
15. 古代	（名）	gǔdài	ancient times
16. 旅行	（动，名）	lǚxíng	travel
17. 往往	（副）	wǎngwǎng	often
18. 弟子	（名）	dìzǐ	disciple

19. 从政	(动)	cóngzhèng	have a career in politics
20. 经商	(动)	jīngshāng	do buisness
21. 做学问		zuò xuéwen	study and do research
22. 成功	(形)	chénggōng	successful; success
23. 看来		kànlái	it looks...; it seems...
24. 熟悉	(动,形)	shúxī	be familiar with
25. 一知半解		yì zhī bàn jiě	know very little about
26. 耽误	(动)	dānwu	take up or waste one's time
27. 建议	(动,名)	jiànyì	suggest; suggestion

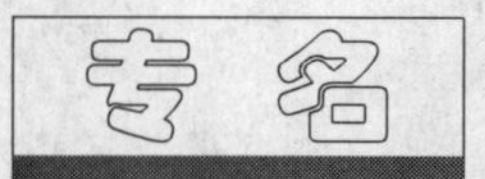

专名

1. 狄根森学院	Dígēnsēn Xuéyuàn	Dickinson College
2. 吴思齐	Wú Sīqí	the teacher's name
3. 孔子	Kǒngzǐ	Confucius
4. 故宫	Gùgōng	the Imperial Palace
5. 长城	Chángchéng	the Great Wall
6. 颐和园	Yíhé Yuán	the Summer Palace
7. 天坛	Tiān Tán	the Temple of Heaven
8. 白云观	Báiyún Guàn	White Cloud Temple

2. 短文

历史文化名城 — 北京

北京城以故宫为中心,向东西南北四个方向展开。建筑都是正南正北的。街道都是东西和南北两个方向的。少数胡同是斜的,就叫斜街,如烟袋斜街、白米斜街。这是因为，历史上北京是皇帝住的地方，所以街道和建筑要求整齐。别的城市没有这样的要求，也就没有北京那么整齐。北京人常用东西南北来指路，如“往东走，再往南走”。别的城市的人常用前后左右来指路，如“往左走，往右拐”。

老北京一条街“大栅栏”

北京作为一座历史文化名城，已有三千多年的历史，作为首都也已经有八百年的历史。中国历史上的最后三个朝代——元朝、明朝和清朝，都是以北京为首都。因此，北京留下了许多名胜古迹，例如：城中心的紫禁城、城南的天坛、城东的雍和宫、近郊的颐和园、远郊的万里长城，以及城内众多的城楼寺庙、名人故居、胡同和四合院等等，使中外游人流连忘返。

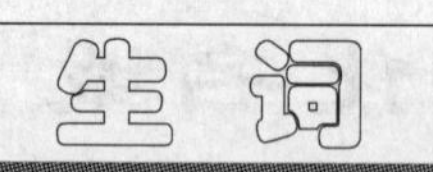

生词

1. 中心	（名）	zhōngxīn	center
2. 展开	（动）	zhǎn kāi	unfold, open up

3. 正(南)	(形)	zhèng(nán)	due (south)
4. 少数	(名)	shǎoshù	a few, few
5. 斜	(形)	xié	slanting, tilted
6. 如(例如)	(动)	rú(lìrú)	for example
7. 要求	(动,名)	yāoqiú	require; requirement
8. 整齐	(形)	zhěngqí	neat, tidy, even
9. 指路		zhǐ lù	give directions
10. 作为	(动)	zuòwéi	serve as
11. 朝代	(名)	cháodài	dynasty
12. 名胜古迹		míngshèng gǔjì	scenic spots and historical sites
13. 郊	(名)	jiāo	suburb
14. 以及	(连)	yǐjí	as well as
15. 城楼	(名)	chénglóu	gate tower
16. 寺庙	(名)	sìmiào	temple
17. 使	(动)	shǐ	make, cause, send
18. 游人	(名)	yóurén	tourist
19. 流连忘返		liúlián wàng fǎn	linger on, enjoy it so much and forget to return

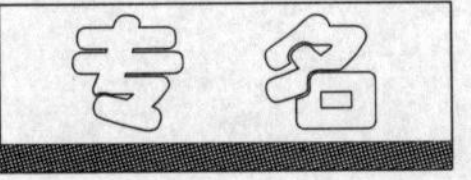

1. 烟袋斜街	Yāndài Xiéjiē	Pipe Street
2. 白米斜街	Báimǐ Xiéjiē	White Rice Street
3. 元朝	Yuáncháo	the Yuan Dynasty
4. 明朝	Míngcháo	the Ming Dynasty
5. 清朝	Qīngcháo	the Qing Dynasty
6. 紫禁城	Zǐjìn Chéng	the Forbidden City
7. 雍和宫	Yōnghé Gōng	Yonghe Temple

2

1. 我们睡到中午才起床

"才"用在表示时间或数量的词语后面,表示动作行为开始得晚。这里表示起床起得晚。

"才"有时也表示动作行为结束得晚,或表示结果出现得不容易。例如:

(1)第一课学了四五天才学完。

(2)打了五次电话才找到他。

2. 哪里!我也是一知半解

"哪里"在此用来谦虚地回答对方的称赞。近年来在城市的某些知识阶层中,也有人开始用感谢语来回答对方的称赞。

3. 北京城以故宫为中心

介词"以"和动词"为"构成的"以……为……"格式用于书面语,大致相当于口语的"把……作为……"。

4. 北京人常用东西南北来指路

"来"用在表示目的的动词性词语前,表示从事这一动作行为。不用"来"意思相同。又如:

(1)我来给你们介绍一下。

(2)请你来给大家造一个句子。

1. 表述实情(1) biǎoshù shíqíng

Tell the fact or the truth (In fact.../ Truth is...)

实际上这门课是一门语言文化课。

他并没有告诉过我

我们并不喜欢吃中国菜

2. 解释意思　jiěshì yìsi

Explain the meaning of something (...means...)

这句话的**意思是(说)**要多到社会上去学。

您的　　　　不要坐汽车去

我的　　　　坐汽车不太方便

________　________

3. 条件和结果(1)　tiáojiàn hé jiéguǒ

Condition and result (If only... then...)

只有多读多听多说**才**能学好一种语言。

你自己去问问　能知道得更清楚

大家都去,我　去

________　________

[说明]“只有A,才B”表示A是产生结果B的惟一条件,别的条件都不行。

4. 推测(2)　tuīcè

Assumption (It seems that...)

看来,你对中国的历史人物还比较熟悉。

他们都已经知道这件事了

你爸爸也不同意你去中国

____

5. 举例(1)　jǔlì

Give examples

在表示举例的词语中,“比方说”“比如说”用于口语;“例如”“如”用于书面语。

(1)北京有很多地方都值得去看,**比方说/比如说**故宫、长城、颐和园、天坛等等。

(2)北京人常用东西南北来指路,**例如/如**“往东走,再往南走。”

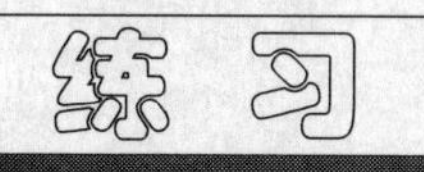

一、根据课文填空

1. 昨天因为时____,我们睡到中午____起床。

2. 这两天你们要________休息一下，下个星期我们____上课了。

3. 这____课实际上是一门语言文化课。

4. 上这门课的目的一是要提____大家的汉语水平，二是要加____大家对中国文化的了____。

5. 这些地方都是我早____想去的地方。

6. 在美国，有一次我还梦____我到了长城呢！

7. 看来，你____中国的历史人物还比较熟____。

8. 吴老师，________了您很多时间，我们____走了。

9. 北京城以故宫为中心，____东西南北四个______展开。

10. 北京人常____东西南北____指路，别的城市的人常____前后左右____指路。

11. 北京______一座历史文化名城，已有三千多年的历史。

12. 北京作为首都也已经有八百年的历史，因此北京留____了许多名胜古迹。

二、选择惟一恰当的词语填空

1. 你们以后就叫我吴老师____。

   A 了　　B 啊　　C 吧　　D 呢

2. 你们是什么时候到____？

   A 了　　B 的　　C 过　　D 来

3. 昨天我们太累了，今天睡到中午____起来。

   A 就　　B 才　　C 都　　D 刚

4. 历史____北京是皇帝住的地方。

   A 上　　B 里　　C 中　　D 时

5. 北京众多的名胜古迹，____中外游人流连忘返。

   A 把　　B 就　　C 故　　D 使

三、把词语组成句子

1. 这个　文化课　怎么　学期　的　上

2. 很多　中国　地方　有　去　值得　看一看

3. 梦见　我　在美国　呢　到了　还　长城

4. 什么　你　问题　有　以后　可以　找我　来　随时

5. 作为　一座　历史　名城　文化　许多　了　留下　名胜古迹　北京

四、用“来”或“去”填空

1. 听说你下星期就要到北京____了？

2. 你是什么时候到美国____的？

3. 听你这么一说，我真想明天就飞到香港____。

4. 我两年前____过中国，这是第二次来中国。

5. ____中国是为了提高汉语水平和了解中国文化。

6. 你们好！____，这里坐！

7. 下午我想到书店____买几本书。

8. 北京人喜欢用东西南北____指路。

9. 我去买点菜，下午我家里要____几个客人。

10. 我____介绍一下，这是我的同屋万山红。

五、完成句子

1. 他说他不喜欢喝酒，实际上____________。

2. 都说北京的东西便宜，实际上____________。

3. “流连忘返”的意思是____________。

4. 大家都不想去，看来____________。

5. 只有多听多说多读，才____________。

6. 除了中国，有的国家也用汉字，比方说________。

六、举例说说北京(或别的城市)给你的印象

七、谈谈来中国以前你对中国都有哪些了解，来中国以后你又了解了哪些新的情况

3

第三课

1. 对话

九千间房子里只有一个男人

北京故宫太和殿

吴老师：看！这就是故宫。它在北京城中间，南边是前门，北边是景山。故宫又叫紫禁城。

茉　莉：翻译成英文就是 Forbidden City。

吴老师：对！明朝和清朝，这里是皇帝住的地方。那时候，不但老百姓进不来，连文武百官也不能随便进来，天黑以后，这儿的九千多间房子里就只有皇帝一个男人了。

大　为：真的吗？那么为皇帝服务的人都是女人吗？

茉　莉：除了女人就是太监，太监虽然不是女人，可也不能说是男人啊！

吴老师：看来你知道的还真不少。历史上明朝的太监不但人数多，而且权力很大，最多的时候有十万人。清朝好一点，可是到了西太后当权的时候，太监的权力又大了起来。有一个叫李莲英的大太监，西太后特别喜欢他，连皇帝对他都又怕又恨，又没有办法。

大　为：我记得在美国听杨老师说过，清朝的皇帝是一个少数民族，姓一个很奇怪的姓。

吴老师：清朝的皇帝是满族人，姓爱新觉罗。1644 年以前他们生活在关外，就是长城和山海关以北。是一个游牧民族。明朝的皇帝是汉族人，姓朱。

茉　莉：明朝以前是元朝，对吗？

吴老师：对，那是蒙古人做皇帝。元朝是最早把北京当作首都的，那是 13 世纪的事儿。

大　为：喂！你们快来看，这座宫殿我以前在电影上见过。

茉　莉：我也见过。我还记得这张高高的大黄椅子，很多人都对它磕头，椅子上坐着一个三四岁的小皇帝。

吴老师：那是中国历史上最后一位皇帝溥仪。他是清朝时候生的，1966 年死的。

大　为：老师，前边这座宫殿是不是叫太和殿？

吴老师：对，这是故宫里最高大的一座宫殿，是千百年来中国皇帝权力的象征。

茉　莉：“太和”是什么意思？

吴老师：太和就是最大的和谐。中国的传统讲究和谐，不喜欢竞争，这跟西方很不一样，连做买卖也讲究和气生财。

大　为：和气？昨天我和茉莉去商店买东西，那儿的售货员可一点儿也不和气。找钱的时候，不是把钱送到我手里，而是扔过来的。商店的墙上还写着“不可以打骂顾客！”吓了我们一跳。

吴老师：那可能是以前写的。现在因为有了市场经济，中国人也开始讲究竞争了，商店的售货员也比以前和气多了。

生词

1. 老百姓	（名）	lǎobǎixìng	common people
2. 文武百官		wén wǔ bǎi guān	civil and martial officials
3. 随便	（副、形）	suíbiàn	do as one pleases
4. 太监	（名）	tàijiàn	eunuch
5. 权力	（名）	quánlì	power
6. 当权	（动）	dāngquán	be in power
7. 特别	（形）	tèbié	especially, special
8. 恨	（动）	hèn	hate
9. 怕	（动）	pà	be afraid, fear
10. 记得	（动）	jìde	remember
11. 少数民族		shǎoshù mínzú	minority nationality
12. 满族	（名）	Mǎnzú	the Manchus
13. 游牧民族		yóumù mínzú	the nomads
14. 汉族	（名）	Hànzú	the Han nationality
15. 蒙古人	（名）	Měnggǔrén	the Mongols
16. 世纪	（名）	shìjì	century
17. 宫殿	（名）	gōngdiàn	palace
18. 磕头	（动，名）	kētóu	kowtow
19. 象征	（动）	xiàngzhēng	symbolize; symbol
20. 和谐	（形）	héxié	harmonious
21. 传统	（名）	chuántǒng	tradition

22. 讲究	（动，形）	jiǎngjiu	stress; be particular
23. 竞争	（动，名）	jìngzhēng	compete; competition
24. 和气	（形）	héqi	amiable
和气生财		héqi shēng cái	amiability brings a fortune
25. 做买卖		zuò mǎimai	do business, trade
26. 扔	（动）	rēng	throw
27. 骂	（动）	mà	curse, scold
28. 吓一跳		xià yítiào	shocked; give one a start
29. 市场	（名）	shìchǎng	market

3

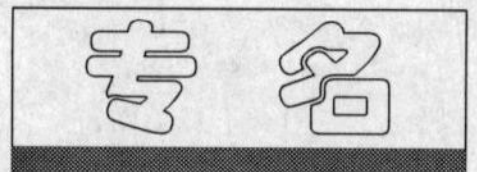

专名

1. 前门	Qiánmén	name of a gate
2. 景山	Jǐngshān	name of a hill
3. 西太后	Xītàihòu	Empress Dowager Cixi
4. 李莲英	Lǐ Liányīng	name of a eunuch
5. 爱新觉罗	Àixīnjuéluó	Qing emperors' surname
6. 溥仪	Pǔyí	the last emperor's name
7. 太和殿	Tàihé Diàn	Palace of Supreme Harmony

2. 短文

故宫的主人们

故宫住过明、清两朝二十四个皇帝。然而这些皇帝并不都那么幸运，也不都真的有权力。明朝最后一位皇帝崇祯，在李自成的军队就要攻入故宫的时候，先是逼死了皇后，又杀死了女儿，最后自己跑到故宫后面的景山吊死在树上。

在故宫五百多年的历史中，还有一个女人，她不是公主，也没当过皇后，可是她的权力比皇帝还大。她就是有名的慈禧太后，也叫西太后。1852 年，慈禧被选入皇宫。四年以后她生了一个儿子，也是咸丰皇帝惟一的儿子。于是母以子贵，她被封为贵妃。

慈禧对权力极有兴趣，也很有心计。咸丰死后，她六岁的儿子当上了皇帝。她通过政变，把帮助小皇帝治理国家的八个重要大臣都抓了起来。于是，她和东太后慈安一起垂帘听政，年号同治。说是“同治”，可所有权力都在慈禧手里。

后来，同治皇帝十九岁就病死了，慈禧又让一个四岁的孩子当上了皇帝，这就是光绪。光绪的父亲是咸丰的兄弟，母亲是慈禧的妹妹。光绪当了三十多年皇帝，可真正的权力都在慈禧手里。1908 年慈禧又让光绪弟弟的儿子，三岁的溥仪当上了皇帝，他就是中国历史上最后一位皇帝，也是故宫的最后一位主人。1924 年溥仪被赶出了故宫。

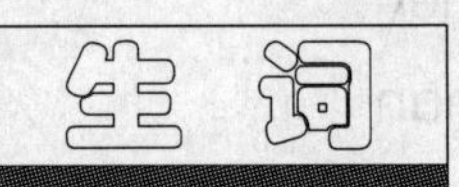

1. 主人	（名）	zhǔrén	master, host
2. 然而	（连）	rán'ér	however
3. 幸运	（形）	xìngyùn	fortunate, lucky
4. 军队	（名）	jūnduì	troops, army
5. 攻入	（动）	gōngrù	fight into, break the defense of
6. 逼	（动）	bī	force, compel
7. 公主	（名）	gōngzhǔ	princess
8. 皇后	（名）	huánghòu	empress, queen
9. 选入	（动）	xuǎnrù	choose to enter
10. 生(孩子)	（动）	shēng(háizi)	give birth to (a child)
11. 惟一	（形）	wéiyī	only, sole
12. 于是	（连）	yúshì	therefore, thus
13. 母以子贵		mǔ yǐ zǐ guì	the mother's position becomes higher thanks to her son

14. 封为	（动）	fēngwéi	confer (a title, fief) upon
15. 贵妃	（名）	guìfēi	imperial consort
16. 心计	（名）	xīnjì	scheming, calculation
17. 通过	（介,动）	tōngguò	by means of; pass through
18. 政变	（名）	zhèngbiàn	coup d'état
19. 治理	（动）	zhìlǐ	govern, control
20. 重要	（形）	zhòngyào	important
21. 大臣	（名）	dàchén	minister, civial official
22. 垂帘听政		chuí lián tīng zhèng	rule behind a curtain
23. 年号	（名）	niánhào	title of an emperor's reign
24. 所有	（形）	suǒyǒu	all
25. 赶出	（动）	gǎnchū	kick out, drive out

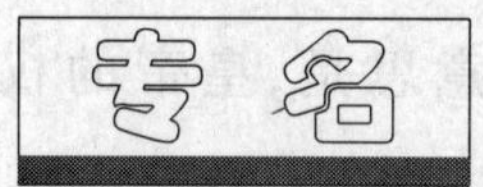

1. 崇祯	Chóngzhēn	a Ming Dynasty emperor
2. 李自成	Lǐ Zìchéng	name of a person
3. 慈禧太后	Cíxǐ Tàihòu	Empress Dowager Cixi
4. 咸丰	Xiánfēng	a Qing Dynasty emperor
5. 东太后慈安	Dōngtàihòu Cí'ān	Empress Dowager Ci'an
6. 光绪	Guāngxù	a Qing Dynasty emperor

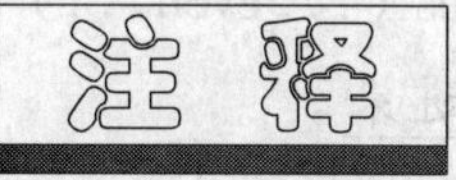

1. 连文武百官也不能随便进来

“连……也……”用于举例性强调。即举出一个最不应该如此而竟然如此的事例，来强调别的更应如此。“连……也……”也说成“连……都……”。

（1）一年后，他瘦得连妻子也不认识他了。

(2) 她连父母都不相信,还能相信你?

2.(关外)就是长城和山海关以北

“以+东/西/南/北”,即……以东、……以西、……以南、……以北,表示方位的界限。

这里“长城和山海关以北”的意思就是指长城和山海关的北边。

此外,“以+上/下/内/外”,即……以上、……以下、……以内、……以外,表示时间、数量和范围等的界限。例如:

三天以上　三天以下　三天以内　三天以外

20岁以上　20岁以下　20岁以内　20岁以外

部长以上　部长以下　长城以内　长城以外

3. 她的权力比皇帝还大

“还”用在比较句中,表示更甚、更进一步。格式为“A比B还C”。C为形容词。

“她的权力比皇帝还大”的意思是,皇帝的权力大,而她(西太后)的权力比皇帝更大。又如:

(1) 他的汉语不错,你比他的汉语还好。

(2) 我比老王还大三岁呢!

1. 举例性强调　jǔlìxìng qiángdiào

Emphasize with extreme examples (...even...)

故宫**连**文武百官**也**不能随便进来。

这事　我　知道了,他当然知道

累得　饭我　不想吃了

[说明]“连……也……”也可以说成“连……都……”。

2. 追忆　zhuīyì

Remember something

我**记得**杨老师说过清朝的皇帝是少数民族。

两年前他就说过毕业后要去中国

我跟你说了这件事儿

____

3. 认定(1)　rèndìng

Designation (...take something or someone as...)

元朝是最早**把**北京**当作/当成**首都的。

我一直　　他　　好朋友

他　　这里　　第二故乡

______ ______ ______

［说明］"把……当成"也可以用来表示误认，即表示不正确的认定。如"我一直把他当成是日本人，其实他是韩国人。"

4. 叙述顺序　xùshù shùnxù

Narrative order (...first...then...)

崇祯**先**是逼死了皇后，**又**杀死了女儿，

我们　去了上海　　到了杭州

他　喝啤酒　　喝了葡萄酒

______ ______ ______

最后自己跑到景山上吊死在树上。

还去了一趟南京

喝的是北京白酒

____

［说明］"先……，又……，最后……"根据需要也可以说成"先……，然后……，最后……"或"先……，再……，最后……"。用"又"时叙述的是已然的事件，用"然后"来叙述的可以是已然的也可以是未然的事件，用"再"来叙述的一定是未然的事件。

5. 引出某种说法　yǐnchū mǒu zhǒng shuōfǎ

Comment on something

说是“同治”，可所有权力都在慈禧手里。

来学习汉语，实际上是来中国玩儿来了。

他要去香港工作，是真的吗？

____

练习

一、根据课文填空

1. 故宫从前是皇帝____的地方，不但老百姓进不____，连文武百官也不能____便进____。

2. 那么____皇帝服务的人都是女人吗？

3. 历史上明朝的太监______人数多，而且权力很大。

4. 元朝是最早把北京______首都的朝代。

5. 太和殿是千百年来中国皇帝权力的象______。

6. 中国的传统______和谐，不喜欢竞______。

7. 现在有了______经济，商店的售货员也比以前和______多了。

8. 住在故宫里的皇帝并不都那么幸______，也不都真正有权______。

9. 崇祯皇帝最后跑____故宫后面的景山吊死____树上。

10. 慈禧____权力极有兴趣，也很有心______。

11. 她______政变，把帮助小皇帝治理国家的八个重要大臣都____了起来。

12. 同治皇帝死后，慈禧又____一个四岁的孩子____上了皇帝。

二、填量词

1. 到北京后我买了一____自行车，没____天就丢了。

2. 中国是____农业大国，也是____人口大国。

3. 在一__座__大城市，房子在不停地建，路在不停地修。

4. 这学期我们有五____课。

5. 你们一个星期上几__节__口语课？

6. 北京是一__座__历史文化名城。

7. 很多人对着这__张__高高的大黄椅子磕头。

8. 中国最后一__位__皇帝叫溥仪。

9. 这____宫殿我以前在电影上见过。

10. 故宫里有九千多__间__房子。

三、完成句子

1. 我的家乡不但秋天不冷，______________________________。（连……也……）

2. 颐和园的游人很多，______________________________。（除了……以外，还有……）

3. 史蒂文学习很努力，______________________________。（比……还……）

4. 北京的冬天很冷，______________________________。（比……还……）

5. ____________________，实际上他并没有真的听懂。（说是）

6. ____________________，这是我第三次来中国。（以前）

7. 我非常相信我的同屋，______________________________。（把……当成……）

8. 他好像生气了，走的时候______________________________。（连……都……）

3

四、判断正误并改正不正确的句子

1. 请你翻译这句话成英语。

2. 故宫的照片我以前看见。

3. 溥仪是清朝的时候生,1966 年死的。

4. 在历史中国是一个讲究和谐不讲究竞争的国家。

5. 售货员找我钱时,不是把钱送了我手里。

6. 同治皇帝死后,慈禧又使一个四岁的孩子当上了皇帝。

7. 溥仪是 1942 年赶出故宫的。

8. 1644 年以前满族人生活在长城以外。

9. 我记得你跟我说过这件事。

五、请用"先、又、然后、最后"说一段话

六、请用"先、再、然后、最后"写一段话

七、请反复朗读短文《故宫的主人们》直到能熟练地讲述下来

第四课

1. 对话

中国的阴阳和风水

明十三陵

吴老师：这几天天气可真好，秋天是北京最好的季节。昨天你们去了长城和十三陵，觉得怎么样？

大　为：我真喜欢这样的活动。这一次我还认识了不少留学生，有日本人、韩国人、非洲人、德国人、意大利人，还有俄罗斯人。

他们有的是新来的，也有的在这儿学了一两年了。

茉　莉：我的同屋是韩国人，她对中国文化非常了解。昨天我们一起去长城，她还给我们讲了《孟姜女哭长城》的故事。我们听了都很感动。修建长城真是太不容易了！

吴老师：说得对！中国人两千多年以前就开始修建长城了，那时候在这么陡的山上兴建这么大的工程，真是难以想像！

大　为：修建长城是为了防御北方游牧民族的入侵，这我觉得还可以理解，可是十三陵呢？给死去的皇帝修坟墓，也兴建那么大的工程，我真不懂有什么必要！

茉　莉：因为是皇帝，所以死了也得住宫殿，不能跟老百姓一样。

吴老师：你说得对！以前中国人相信人死以后会变成鬼。鬼在阴间跟我们在阳间一样，也要有房子住，有钱花，有饭吃。而中国人又非常讲究孝道，所以才会有人花很多钱给他们的亲人修建坟墓。过年过节还要给死去的父母、祖先烧纸。可是要问鬼是什么样子，谁也说不清楚。

茉　莉：老师，坟墓跟风水有关系，是吗？

吴老师：不错。从前中国人相信一个人死后埋在什么地方，也就是说他坟墓的风水好不好，对他的子孙非常重要。风水好的，他的子孙将来可以做官或者发财。风水不好的，他的子孙就可能会很穷。

大　为：什么样的地方风水好呢？

吴老师：这我也说不太清楚，听说风水好的地方后面有山，前面是平地，最好再有一点儿水。像十三陵的风水就很不错。

茉　莉：除了坟墓，以前如果有人想找地方盖房子，也要先看看那儿的风水怎么样，是吗？

吴老师：是啊，以前一定会请风水先生看的。现在很多年轻人不相信这些了，说这是迷信，但有不少老年人还相信。

大　为：老师，您刚才说的阴阳，我觉得很有意思。除了人和鬼、房子和坟墓，您还能再给我们举几个例子吗？

吴老师：当然。像天和地，太阳和月亮，男人和女人，白天和黑夜，夏天和冬天，老师和学生，都是阳和阴的例子。在中国人看来，阴阳虽然不一样，但是没有阴也就没有阳。

茉　莉：而且阴中又有阳，阳中也有阴。阴可以变成阳，阳也可以变成阴。世界上没有不变的人和事。

4

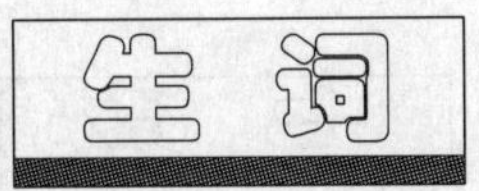

生词

1. 活动	（名，动）	huódòng	activities
2. 陡	（形）	dǒu	steep
3. 兴建	（动）	xīngjiàn	build, construct
4. 工程	（名）	gōngchéng	project, construction
5. 难以	（副）	nányǐ	difficult to (do sth.)
6. 想像	（动）	xiǎngxiàng	imagine
7. 防御	（动）	fángyù	guard against, defend
8. 入侵	（动）	rùqīn	invade; invasion
9. 理解	（动）	lǐjiě	comprehend, understand
10. 坟墓	（名）	fénmù	grave, tomb
11. 必要	（形）	bìyào	necessity; necessary
12. 相信	（动）	xiāngxìn	believe, trust
13. 鬼	（名）	guǐ	ghost
14. 阴(阳)间	（名）	yīn(yáng)jiān	world of Yin/Yang; nether/this world
15. 孝道	（名）	xiàodào	filial piety
16. 亲人	（名）	qīnrén	family members, relatives
17. 过节		guò jié	celebrate festivals
18. 祖先	（名）	zǔxiān	ancestors
19. 烧纸		shāo zhǐ	burn paper money
20. 风水	（名）	fēngshuǐ	geomantic omen
21. 埋	（动）	mái	bury
22. 做官		zuò guān	be an official

23. 发财		fā cái	make a fortune
24. 穷	（形）	qióng	poor; poverty
25. 平地	（名）	píngdì	level ground
26. 盖	（动）	gài	build
27. 迷信	（动，名）	míxìn	superstition; superstitious
28. 举例子		jǔ lìzi	give examples

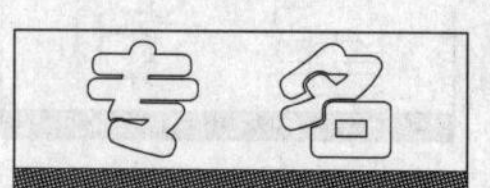

1. 十三陵	Shísān Líng	the Ming Tombs
2. 韩国	Hánguó	the Republic of Korea
3. 非洲	Fēizhōu	Africa
4. 德国	Déguó	Germany
5. 意大利	Yìdàlì	Italy
6. 俄罗斯	Éluósī	Russia
7. 孟姜女哭长城	Mèng Jiāngnǚ kū Chángchéng	a Chinese legend

2. 短文

万里长城万里长

在中国的北方，从东到西有一条一万多里长的“墙”，这就是有名的万里长城。“万里长城万里长，长城两边是故乡。”长城是中国历史上民族矛盾的产物，也是中华民族力量的象征。

历史上，以汉族为代表的农业民族，世世代代“日出而作，日入而息”。他们知足常乐，既不想征服别的民族，也不愿意被别的民族征服。于是，为了防御北方游牧民族的入侵，从两千多年前开始，中国人就在北方的高山、草原和沙漠上修建长城。以后，许多朝代和民族都修过长城。可以说，为了和平，中国人不惜用成百上千年的时间，用成千上万人的血汗和生命来修建万里长城。这体现了中华民族热爱和平，不怕困难的民族性格。

金山岭长城

一位美国总统到过长城后说："只有一个伟大的民族，才能建成这样一个伟大的长城。"今天世界上的人都把长城看成是中华民族精神的象征。但也有人说，中国人想用长城把别的民族和不同的文化挡在墙外边，把自己封闭在墙里边，所以长城也体现了中国人比较保守的性格。

生词

1. 故乡	（名）	gùxiāng	hometown, home place
2. 矛盾	（名，形）	máodùn	contradiction; contradictory
3. 产物	（名）	chǎnwù	product, result

4. 中华民族 　　Zhōnghuá Mínzú 　　the Chinese nation
5. 力量 　（名） 　lìliang 　strength, power
6. 世世代代 　　shìshì dàidài 　for generations
7. 日出而作，日入而息 　　rì chū ér zuò, rì rù ér xī 　start to work at sunrise and rest after sundown
8. 知足常乐 　　zhī zú cháng lè 　be contented with what one has
9. 既……也…… 　　jì……yě…… 　both. . . and. . .
10. 征服 　（动） 　zhēngfú 　conquer
11. 草原 　（名） 　cǎoyuán 　grassland
12. 沙漠 　（名） 　shāmò 　desert
13. 和平 　（名） 　hépíng 　peace
14. 不惜 　　bùxī 　willing to (pay the cost)
15. 血汗 　（名） 　xuèhàn 　blood and sweat
16. 体现 　（动） 　tǐxiàn 　embody, reflect
17. 困难 　（名，形） 　kùnnan 　difficulty; difficult
18. 性格 　（名） 　xìnggé 　character
19. 总统 　（名） 　zǒngtǒng 　president
20. 精神 　（名） 　jīngshén 　spirit; spiritual
21. 挡 　（动） 　dǎng 　keep off, block
22. 封闭 　（动） 　fēngbì 　seal off, seal in
23. 保守 　（形） 　bǎoshǒu 　conservative

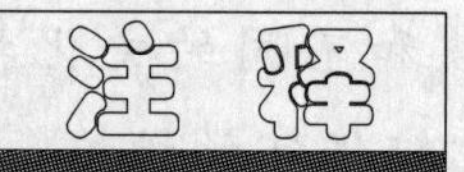

1. 这几天天气可真好

“可”在这里是表强调的语气副词。用于口语，要重读。

2. 中国人两千多年以前就开始修建长城了

“就”用在时间词语或表时间的副词的后面，强调事情发生得早。又如：

(1) 我今天早晨6点钟就起床了。

(2) 我们俩早就认识了。

(3) 我从小就喜欢学外语。

3. 可是要问鬼是什么样子，谁也说不清楚

“谁 + 也/都”表示所说范围内的任何人。“谁也说不清楚”是说所有的人都说不清楚。又如

(1) 我们班谁也没去过香港。

(2) 谁都喜欢听好听的、吃好吃的。

4. 像十三陵的风水就很不错

“像”这里用来举例，是“比如”的意思。

5. ……用成百上千年的时间，用成千上万人的血汗……

“成”和“上”在这里都表示达到一定的数量。“成百上千”和“成千上万”在此分别强调时间极长和人数极多。

1. 强调时间早/晚 qiángdiào shíjiān zǎo/wǎn

Emphasize the time of some activity is early or late

中国人两千多年前**就**开始修建长城了。

我从大学一年级　　开始学中文了

今年九月我　　见过他一次

__________　__________

我从大学一年级**才**开始学习中文。

今年九月我　　认识他

她睡到中午　　起床

__________　__________

[说明] “就”强调事情发生的时间早，“才”强调事情发生的时间晚。条件是“就/才”的前面要有表示时间或数量的词语。时间的早或晚并没有一个客观的标准，而是一种因人而异的主观量，即凭说话人主观上的认定。注意：这里的“就”要轻读。

2. 表达愿望/建议　biǎodá yuànwàng / jiànyì

Express a wish/suggestion (It's better that / would better...)

最好你去跟他说这件事。

　　别告诉她，免得她着急

　　放一个星期的假

　　______

来以前**最好**先给我打个电话。

我看　　请他来这儿看看

你　　　不要告诉别人

______　　______

［说明］"(A)最好 B"是表达愿望还是表达建议，一般要根据具体语言环境来确定。

3. 表达看法(1)　biǎodá kànfǎ

Express an opinion (In somebody's opinion)

在中国人**看来**，天是阳地就是阴。

他们　　外国人都是有钱的

我　　　你们俩谁去都行

______　　______

4. 表示评论　biǎoshì pínglùn

Comment on something (It can be said that...)

可以说，中国人是用血汗和生命来修长城的。

　　长城是中华民族力量的象征

　　你已经尽了最大的努力

　　______

5. 认定(2)　rèndìng

Designation (...regard sth. as.../ take sth. as...)

人们都**把**长城**看成/看作**是中国的象征。

我不　　老师　　自己的朋友

他　　　不排队　是中国人的习惯

______　______　______

［说明］“把……看成”也可以用来表示误认，如“他把‘玉’字看成是‘王’字了”。“把……看作”不能用来表示误认。

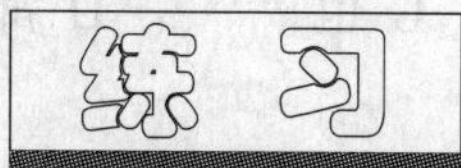

一、根据课文填空

1. 我同屋是韩国人，她____中国文化非常了解。

2. 修建长城是______防御北方游牧民族的入侵。

3. 以前有人相信人死以后会______鬼。

4. 可是要问鬼是什么样子的，____也说不清楚。

5. 您还能再给我们____几个例子吗？

6. 长城是中国历史上民族____的产物，也是中华民族力量的____。

7. 想用长城把别的民族____在墙外边，把自己______在墙里边，这______了中国人______的性格。

二、选择惟一恰当的词语填空

1. 这一次我____认识了不少外国朋友。

   A 都　　B 还　　C 就　　D 才

2. 修建长城____是太不容易了。

   A 真　　B 就　　C 还　　D 很

3. 什么样的地方风水好____？

   A 吧　　B 啊　　C 呢　　D 吗

4. 阴和阳____不一样，但没有阴也就没有阳。

   A 就是　　B 如果　　C 可以　　D 虽然

5. 中国许多朝代和民族都修____长城。

A 了　　B 着　　C 起　　D 过

6. 他们____不想征服别的民族，也不愿被别的民族征服。

A 就　　B 既　　C 也　　D 都

三、判断正误并改正不正确的句子

1. 秋天北京最好的季节。

2. 我的同屋对中国文化了解。

3. 修建长城真是不容易了。

4. 以前中国人相信人死变鬼。

5. 坟墓的风水好不好，对他的子孙重要。

6. 我现在既不想睡觉，也不学习。

7. 服务员不是把钱送到我手里，而是把钱扔。

8. 他值得你这么爱吧？

9. 我很喜欢颐和园，我三次去了。

10. 我去年八来北京了。

四、英译汉

1. During this trip, I made quite a few new friends.

2. We were all very moved by the story he told.

3. Would people really become ghosts after they die?

4. You'd better give him a call before you come.

5. I have always considered my father my friend.

6. In my opinion, your Chinese is already quite good.

7. I came to China only last year.

8. I came to China as early as last year.

五、根据下面的阴阳鱼图,谈谈你对阴阳关系的理解

六、什么是中国传统的风水观念(guānniàn),并谈谈你对风水的看法

七、你对中国人修长城是怎么看的,写一篇500 ~ 600字的短文

八、你同意"长城体现了中国人保守的性格"的说法吗?为什么?

第五课

1. 对话

老北京的小胡同

北京四合院一角

吴老师：今天我想带你们去后海，看看老北京的小胡同和四合院。这几年北京的发展变化特别快，再过几年你们想找这样的地方，大概就找不着了。

茉　莉：那太好了！在美国我就听狄一鸥说过后海一带很有意思。到北京以后，我一直想去那儿看看。

吴老师：我有个老朋友住在那儿，他是个老工人。我们在一起工作过几年。后来我考上了大学，王师傅也退休了。前几天他和老伴儿叫我带你们去串门儿呢。

大　为：在北京去朋友家串门儿需不需要带礼物？

吴老师：一般用不着。不过王师傅老两口儿年纪大了，咱们最好给他们带上一盒点心，再给他们的小孙子买点儿水果。

茉　莉：今天天气这么好，咱们骑车去王师傅家，好吗？北京的公共汽车太挤，上车的时候谁有力气谁就先上，我真不习惯。

吴老师：好，那咱们今天就骑车去，路上得小心一点儿。北京这几年人越来越多，交通也越来越拥挤，车票还老涨价。

大　为：涨价也比美国便宜得多。纽约的地铁一上车就是一块五美元，相当于人民币十二块钱。

吴老师：看，这就是后海，咱们快到了。

茉　莉：这一带跟西郊的人民大学、北京大学、中关村，还有三环路两边的高楼大厦太不一样了。老北京原来是这个样子！

吴老师：是啊！你看这些小胡同，两边灰色的砖瓦房都是四合院。不熟悉的人在这种小胡同里很容易迷路。你们看，这就是王师傅家。他们住北屋，西屋的李老师是他们多年的老邻居。哎，说曹操，曹操就到。李老师，您出门儿啊？

李老师：哎哟！是小吴啊！好久不见了。老王，您家来客人了。

吴老师：王师傅，这是我的学生。她叫茉莉，他叫大为。

王师傅：欢迎，欢迎！屋里坐！这是我老伴儿，姓金。

大　为
茉　莉：王师傅，金大娘，您好！

金大娘：别客气，坐下喝点茶吧！你们是不是要喝可乐？要喝西屋老李那儿有。

大　为：不用，不用。我和茉莉都喜欢喝茶，我们不喝可乐。

茉　莉：这院子里的花儿漂亮极了。王师傅，是您种的吗？

王师傅：不，是老李的老伴儿种的。他们两口子都是"孩子王"，现在退休了。一个喜欢种花，一个喜欢下象棋。东屋的老钱爱鸟儿，天天一大早儿就去公园遛鸟儿。

金大娘：我跟你王师傅在这儿住了四十多年了。现在孩子们都大了，只有小孙子跟我们一起住。今儿他没在家，跟他爸爸上动物园了。现在的年轻人都喜欢住楼房，有暖气和卫生设备。可我们在胡同儿里住惯了，还真舍不得离开这儿呢！

生词

1. 大概	(副)	dàgài	probably
2. 一带	(名)	yídài	the area around
3. 一直	(副)	yìzhí	always, all the while
4. 退休	(动)	tuìxiū	retire; retired
5. 串门儿		chuàn ménr	visit someone (casually)
6. 一般	(副、形)	yìbān	usual, ordinary
7. 力气	(名)	lìqi	physical strength
8. 交通	(名)	jiāotōng	traffic, transportation
9. 拥挤	(形)	yōngjǐ	be crowded
10. 老	(副)	lǎo	all the time, always
11. 涨价		zhǎng jià	the price goes up
12. 地铁	(名)	dìtiě	subway
13. 相当于		xiāngdāngyú	be the equivalent to
14. 高楼大厦		gāo lóu dà shà	tall buildings and big mansions
15. 原来	(副)	yuánlái	as it turns out
16. 灰色	(名)	huīsè	grey
17. 砖瓦	(名)	zhuānwǎ	brick and tile
18. 迷路	(动)	mí lù	get lost
19. 说曹操，曹操就到		shuō Cáocāo, Cáocāo jiù dào	Speak of the devil!
20. 可乐	(名)	kělè	cola
21. 种	(动)	zhòng	plant, grow
22. 下象棋		xià xiàngqí	play chess
23. 遛鸟儿		liù niǎor	walk the bird

24. 暖气	(名)	nuǎnqì	heating
25. 卫生	(形,名)	wèishēng	sanitary; hygiene
26. 设备	(名)	shèbèi	equipment
27. 舍不得		shěbude	can't bear to part with

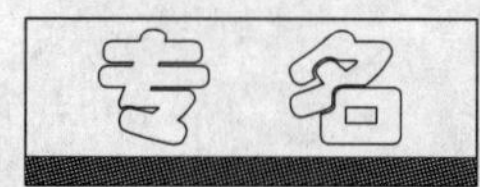

1. 后海	Hòuhǎi	an area in Beijing
2. 纽约	Niǔyuē	New York
3. 中关村	Zhōngguāncūn	name of a place
4. 三环路	Sānhuán Lù	a beltway around Beijing

2. 短文

胡同——北京历史文化的博物馆

胡同,是蒙古语 Hottog 的译音,它在蒙语里是水井的意思。七百多年以前,蒙古族建立的元朝以北京为首都。那时候老百姓住的每条小街道上都有一口水井,蒙古人就用水井来给这些小街道起名,比如汉语叫东四小街,蒙古人就叫东四胡同。以后北京人也习惯了这种说法,并一直使用到今天。

北京有句老话说"有名的胡同三千六,无名的胡同数不清。"的确,元朝以后的七百多年里,除了皇上等少数人以外,不光成千上万的老百姓住在胡同里,就是文武百官、王公贵族也都住在胡同里。住在同一条胡同里的老百姓,住得远一些的叫街坊;住得近一些的叫邻居。街坊邻居之间的关系一般都比较密切,所谓远亲不如近邻。

胡同的历史是和北京的发展变化联系在一起的。今天的小杨家胡同,原来叫小羊圈胡同;高义伯胡同原名叫狗尾巴胡同。铁狮子胡同五十多年前改名叫

北京的胡同

张自忠路,“文革”时改成地安门东大街,“文革”后又改回叫张自忠路。在 20 世纪的最后两年,这条路又拓宽延伸,并改名叫平安大街。二百多年前这条路上住过乾隆皇帝的女儿和敬公主;八十多年前中华民国的总统府也在这条路上。1925 年伟大的民主革命家孙中山先生就是在这条街上逝世的。每一条胡同都有说不完的故事,数不清的胡同就有数不清的历史故事。胡同是北京历史文化的博物馆。

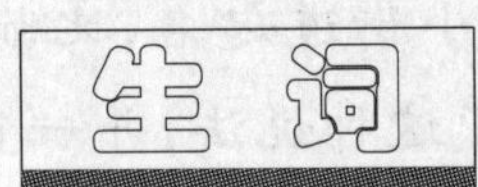

1. 博物馆	(名)	bówùguǎn	museum
2. 译音	(名)	yìyīn	transliteration
3. 蒙古族	(名)	Měnggǔzú	Mogolian nationality
4. 水井	(名)	shuǐjǐng	well
5. 建立	(动)	jiànlì	set up, establish
6. 起名		qǐ míng	make a name, name

7. 比如	（动）	bǐrú	for example
8. 的确	（副）	díquè	indeed，really
9. 光	（副）	guāng	only
10. 就是……也		jiùshì……yě	even...also
11. 王公贵族		wánggōng guìzú	princes and nobility
12. 街坊	（名）	jiēfang	neighbors，neighborhood
13. 之间		zhījiān	among，between
14. 关系	（名）	guānxi	relation，connections
15. 密切	（形，动）	mìqiè	close，intimate；build close links
16. 所谓	（形）	suǒwèi	so-called
17. 远亲不如近邻		yuǎnqīn bù rú jìnlín	distant relatives are not as close as near neighbors
18. 联系	（动，名）	liánxì	connect，get in touch；link
19. 改	（动）	gǎi	change
改回		gǎi huí	change back to
20. 拓宽		tuò kuān	widen
21. 延伸	（动）	yánshēn	extend，stretch
22. 民主	（形）	mínzhǔ	democratic；democracy
23. 革命	（动，名）	gémìng	revolution；revolutionary
革命家		gémìngjiā	revolutionary（as a person）
24. 逝世	（动）	shìshì	pass away

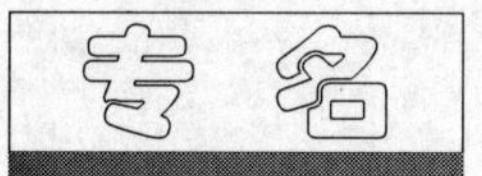

专名

1. 小杨家胡同	Xiǎoyángjiā Hútòng	name of a street
2. 小羊圈胡同	Xiǎoyángjuàn Hútòng	name of a street
3. 高义伯胡同	Gāoyìbó Hútòng	name of a street
4. 狗尾巴胡同	Gǒuyǐba Hútòng	name of a street
5. 铁狮子胡同	Tiěshīzi Hútòng	name of a street
6. 张自忠路	Zhāngzìzhōng Lù	name of a street

7. 地安门东大街	Dì'ānmén Dōngdàjiē	name of a street
8. 平安大街	Píng'ān Dàjiē	name of a street
9. 乾隆皇帝	Qiánlóng Huángdì	Emperor Qianlong
10. 和敬公主	Héjìng Gōngzhǔ	Princess Hejing
11. 中华民国	Zhōnghuá Mínguó	Republic of China
12. 总统府	Zǒngtǒng Fǔ	Presidential Palace
13. 孙中山	Sūn Zhōngshān	Sun Yat-sen

注释

1. 好,那咱们今天就骑车去

"就"在此表示顺着对方话语的意思得出结论。"就"的前面常有"如果、只要、既然、那么、因为"之类的词语。又如:

(1) 如果你有事,就别去了。

(2) 因为没有热水,咱们就只能洗凉水澡了。

(3) 她既然不想学,那就别管她了。

2. 涨价也比美国便宜得多

"也"在此表示不管前面假设的情况是否成立,后果或结论都相同。在课文里,这句话的意思是即使涨价比美国还是要便宜很多。又如:

(1) 明天即使刮风,我们也要去。

(2) 你不说我也知道。

3. 一上车就是一块五美元

"就"出现在"就(+动)+数量"格式中,表示说话人认为数量多。"就"轻读,前面的词语重读。又如:

(1) 这个月我花的钱太多了,昨天一天就花了五百多块。

(2) 他一个人就喝了五瓶啤酒。

4. 一块五美元相当于人民币十二块钱

介词"于"用在形容词、动词或数量之后表示比较。用在双音节动词、形容词或数量词后面时“于”有时可以不同，用在单音节动词或形容词后面时“于”不能省略。“单音节形容词＋于＋A”意思等于“比A＋单音节形容词”。

(1) 我们班的人数多于三班的人数。

(2) 这就是我不同于他的地方。

(3) 学得好不好取决(于)你是不是认真和努力。

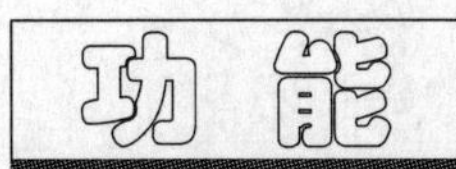

1. 某时以后　mǒushí yǐhòu

After an event, an action, a point of time (After.../...later)

来到北京**以后**，我一直想去那儿看看。

到了上海　　你就去找我朋友王山

三点钟　　我在留学生楼门口等你

______　　______

我们一起工作过，**后来**我考上了大学……。

两年前我见过他　　就再也没见到他

我先去了哈尔滨　　又去了莫斯科

______　　______

[说明]“以后”既可以用于说明已经发生的事情，也可以用于说明尚未发生的事。“后来”只能用于叙述已经发生的事。

2. 条件和结果(2)　tiáojiàn hé jiéguǒ

Condition and result (Whoever / Whatever / Wherever...)

谁有力气(**谁**)就先上车，我真不习惯。

努力　　就能学得好

饿了　　自己做饭，冰箱里什么都有

______　　______

什么地方好玩(**就**)去**什么**地方玩儿。

东西好吃　　吃　（东西）

便宜　　　　买

______　__　______

［说明］“谁 A(谁)B”和“什么 A(就)V 什么(B)”两格式中的 A 和前一格式中的 B,一般是动词、形容词或是它们的词组,后一格式中的 B 一般是名词或名词性词组。

5

3. 表示近似　biǎoshì jìnsì

Equivalence

一块五美元约**相当于**二十块人民币。

在中国一年　　　在美国学三年

我吃一顿饭　　　你吃两顿

______　______

4. 表示让步(1)　biǎoshì ràngbù

Concession (Even...)

就是文武百官**也**都住在胡同里。

说错了　　没什么关系

刮风　　　得去

______　______

5. 比较(2)　bǐjiào

Comparison (...not as good as...)

住得远的亲戚**不如**住得近的邻居。

他的汉语　　　我的汉语

钱多　　　　　朋友多

______　______

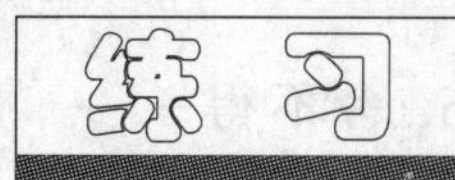

一、根据课文填空

1. 今天我想____你们去后海一带看看。

2. 我听说后海一____很有意思。

3. 我有个____朋友,他是个____工人。

4. 交通也越来越拥____,车票还____涨价。

5. 在北京去朋友家串门儿需不需要____礼物?

6. 咱们最好给他们带____一盒点心,再给他们的小孙子买____水果。

7. 老北京原____是这个样子!

8. 不熟____的人走在这种小胡同里很容易____路。

9. 别客气!坐下喝____茶吧!

10. 他们两口子一个喜欢____花,一个喜欢____象棋。

11. 我们在这儿住惯了,还真____不得离开这儿呢!

12. 蒙古族____立的元朝以北京____首都。

13. 蒙古人就用水井来给这些小街道____名。

14. 北京有句____话"有名的胡同三千六,____名的胡同数不清。"

15. 街坊邻居之间的关系____都比较密切。

16. 胡同的历史是和北京的发展变化联____在一起的。

17. 今天的小杨家胡同,____来叫小羊圈胡同。

18. 铁狮子胡同五十多年前____名叫张自忠路,"文革"时____成地安门东大街,"文革"后又____回叫张自忠路。

19. ____一条胡同都有说不____的故事。

二、写出反义词语

1. 找不着——　　6. 舍不得——　　11. 封闭 ——
2. 用不着——　　7. 没兴趣——　　12. 和平 ——
3. 住得惯——　　8. 发达 ——　　13. 恨 ——
4. 数得清——　　9. 少数 ——　　14. 贵 ——
5. 住得远——　　10. 黑天 ——

5

三、选择惟一恰当的位置填空

1. 北京的公共汽车 A 太挤,B 上车的时候 C 人们 D 不排队。

   也

2. 现在 A 年轻人 B 都喜欢 C 住楼房 D。

   的

3. 在北京 A 朋友家 B 串门儿 C 需不需要带 D 礼物?

   去

4. 街坊和邻居 A 之间的 B 关系 C 都 D 比较密切。

   一般

5. A 你 B 要 C 学好 D 汉语课以外,还要学习中国历史。

   除了

6. A 应该先 B 吃饭 C,然后再出去参观 D。

   到饭馆

四、完成句子(或对话)

1. 我是不想去,别人________________________________。

   (谁……谁……)

2. A:你们想让我谈什么呢?

   B:什么都可以,________________________________。

（什么……什么……）

3. A:你不想买,是不是没钱了?

B:________________________________。

（就是……也……）

4. 我不喜欢去跳舞,________________________________。

（不如……）

5. 我还以为他是日本人呢,________________________。

（原来）

6. 上午给我打电话的________________________。

（原来）

7. ________________________________,最近才搬到这儿。

（原来）

5

五、英译汉

1. Today I'd like to take you to see the Houhai area.

2. I have been thinking of visiting Prof. Wang at home.

3. We'd better bring a box of pastry for him.

4. Now only their grandson lives with them.

5. So you are the Wang *shifu* who is a driver.

6. Even the price is going up, it is still much cheaper here than in Japan.

7. In a few years, one will not be able to see such small lanes.

8. It's not only that I can't understand him, even Prof. Li can't understand him, because he speaks Cantonese.

5

六、回答问题

1. 吴老师是怎么认识王师傅的？
2. 王师傅家里都有什么人？
3. 王师傅的邻居都是干什么的？
4. 老北京的小街道为什么叫胡同？
5. 举例说明胡同是北京历史文化的博物馆。

七、反复朗读短文《胡同——北京历史文化的博物馆》直到能流利地复述

第六课

6

1. 对话

天坛的建筑有象征意义

天坛　祈年殿

吴老师：司机师傅，请在这儿停一下，我们到了。

茉　莉：这就是天坛。红墙绿树白石路，这个公园真漂亮！

大　为：那边那座圆形的宫殿美国也有，我去过。

吴老师：是吗？那是祈年殿，明朝修建的，美国也有吗？

茉　莉：他说的不是真的，是迪斯尼的世界之窗。那儿也有个祈年殿，可是比真的差远了。

大　为：我听说天坛的建筑，每个地方都有特别的意思。老师，您能给我们讲讲吗？

吴老师：好啊，祈年殿就是个典型的例子。以前皇帝每年春天都要到这儿来祭天，因为中国是个农业国，人口又多，人们靠天吃饭。你们看这圆形的宫殿和蓝色的屋顶就象征天。古时候中国人认为天是圆的，地是方的。

茉　莉：为什么屋顶一共有三层呢？

吴老师：不但屋顶有三层，下面的白石台基也有三层，象征着天、地和万物。

大　为：你们快来看，这块石头上雕刻的龙和凤就像在云里飞一样。茉莉，快给我在这儿照一张相！

吴老师：祈年殿还有一块少见的大理石，叫龙凤石。那上面的龙凤不是人画上去的，是天然的。

大　为：是吗？那咱们快进去看看吧！

吴老师：你们看殿里这些柱子，最里边四根象征春夏秋冬四个季节，中间十二根象征一年的十二个月，外边十二根象征一天的十二个时辰。如果把中间和外边的柱子加在一起，就代表二十四个节气，比如春分、雨水、清明等。

茉　莉：要是把这儿所有的柱子都加在一起，就是二十八，这个数字有没有什么特别的意思？

吴老师：这个问题问到点子上了。二十八在这儿代表天上的二十八个星宿。祈年殿南边的这条白石大道叫丹陛桥。中间是神走的，人不能走。东边是天子走的，别人不能走。至于文武百官，只能走西边。

大　为：中国的皇帝为什么又叫天子？

吴老师：天子就是说皇帝是天的儿子。祭天以前皇帝先要在这儿住上三天，然后从南往北，从低往高沿丹陛桥向祈年殿走去，在那儿向代表天的牌位和代表皇帝祖先的牌位磕头，祭天祭祖。

茉　莉：这样说来，天坛这儿不但颜色、数字有象征的意义，连方向也很重要。

大　为：不知道为什么，在天坛我觉得人很小，而天很大也很有力量。

茉　莉：我也是。

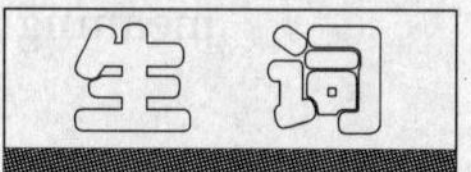

1. 圆	（形）	yuán	round, circular
圆形	（名）	yuánxíng	round, circular
2. 差	（形）	chà	differ from, fall short of
3. 典型	（名，形）	diǎnxíng	type; typical
4. 祭	（动）	jì	offer sacrifice to
5. 靠	（动）	kào	depend on
6. 屋顶	（名）	wūdǐng	roof
7. 认为	（动）	rènwéi	be of the opinion, think
8. 方	（形）	fāng	square
9. 台基	（名）	táijī	terrace, platform
10. 万物	（名）	wànwù	all things on earth
11. 雕刻	（动，名）	diāokè	carve, engrave; sculpture
12. 龙凤	（名）	lóngfèng	dragon and phoenix
13. 大理石	（名）	dàlǐshí	marble
14. 天然	（形）	tiānrán	natural, naturally formed
15. 柱子	（名）	zhùzi	pillar
16. 时辰	（名）	shíchen	the 12 two-hour periods into which the day was traditionally divided
17. 加	（动）	jiā	add

18. 节气	（名）	jiéqi	a day marking one of the 24 divisions of the solar year in traditional Chinese calendar
19. 数字	（名）	shùzì	number
20. 问到点子上		wèn dào diǎnzi shàng	ask the key question
21. 星宿	（名）	xīngxiù	constellation
22. 神	（名）	shén	god，deity
23. 至于	（介，连）	zhìyú	as for
24. 沿	（介）	yán	along
25. 牌位	（名）	páiwèi	memorial tablets
26. 意义	（名）	yìyì	meaning，significance

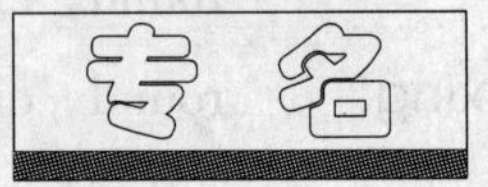

1. 祈年殿	Qí'nián Diàn	the Hall of Prayer for Good Harvests
2. 迪斯尼	Dísīní	Disney
3. 世界之窗	Shìjièzhīchuāng	World Showcase
4. 丹陛桥	Dānbìqiáo	name of a road

2. 短文

古代中国人的天人观

天人观，就是对天和人之间关系的看法。天和人是一种什么样的关系，不同的民族有不同的看法。古代中国人很早就开始研究这个问题。其中，天人合一的思想，从两千多年前的先秦到宋元明清，特别是宋代以后，对中国文化影响极大。不过，什么是天人合一，不同的人看法也不太一样，影响比较大的是下面

两种看法。

其一，天指的是自然。天人合一，是说人是自然的产物，天好像是父亲，地好像是母亲，我生在天和地之间，所有的人都是我的同胞，万物是我的朋友。这种看法认为，人和自然的关系应该是和谐统一的。人类应该尊重自然规律，尊重自然规律就是尊重和保护人类自己。所以古时候中国有这样的规定：春天不许打猎，因为刚出生的小鸟和别的动物还没有长大；夏天不许进山伐木，因为这时正是树木生长的季节。这种天人观的形成跟中国是一个农业国家有关，农业社会靠天吃饭，所以讲究人和自然界的和谐。

其二，天指的是天道，也就是自然规律。人指的是人道，也就是道德规律。天人合一是说道德规律和自然规律是一致的。自然规律是不变的，道德规律也是不变的。这种天人观把传统道德，例如大臣必须服从皇帝、妻子必须服从丈夫、儿子必须服从父亲等，看成是永远不变的道，这对维护传统的社会秩序是有好处的。但实际上把道德规律看成是不变的自然规律，是很有问题的。

1. (天人)观	(名)	(tiānrén)guān	world view
2. 看法	(名)	kànfǎ	view, opinion
3. 其中	(名)	qízhōng	among these
4. 思想	(名)	sīxiǎng	thought, idea
5. 影响	(动,名)	yǐngxiǎng	influence
6. 自然	(名,形)	zìrán	nature; natural
7. 同胞	(名)	tóngbāo	sibling
8. 统一	(动,形)	tǒngyī	unify; unified
9. 人类	(名)	rénlèi	humankind
10. 尊重	(动)	zūnzhòng	respect
11. 规律	(名)	guīlǜ	rules, natural laws
12. 保护	(动)	bǎohù	protect
13. 规定	(动,名)	guīdìng	stipulate; regulations
14. 不许		bù xǔ	not allow, forbid

15. 打猎		dǎ liè	hunt
16. 伐木		fá mù	cut trees
17. 形成	（动）	xíngchéng	form, take shape
18. 道德	（名）	dàodé	morality, morals
19. 一致	（形）	yízhì	identical, showing no difference
20. 服从	（动）	fúcóng	obey
21. 维护	（动）	wéihù	sustain, safeguard, uphold
22. 秩序	（名）	zhìxù	order
23. 好处	（名）	hǎochu	good, benifit, gain

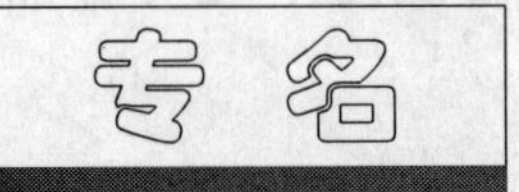

1. 先秦	Xiān Qín	pre-Qin Dynasty
2. 宋代	Sòngdài	Song Dynasty

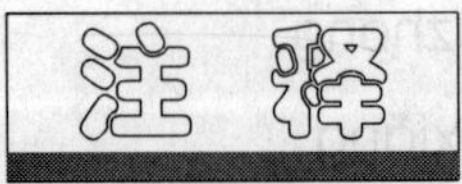

1. 因为中国是个农业国，人口又多，人们靠天吃饭

“又”用在动词或形容词前，表示几种情况或原因加在一起。“又”可用于后几项，也可以用于每一项。例如：

(1) 大小很合适，颜色又好看，价钱又不贵，所以我就买了一件。

(2) 你又聪明，又认真，又努力，当然学得好。

2. 外边的十二根象征一天的十二个时辰

时辰，是中国古代的计时单位。把一昼夜平分为十二段，每一段叫一个时辰，合现在的两小时。十二个时辰用十二地支做名称。分别是：

子时(夜里十一点到一点)

丑时(夜里一点到三点)

寅时(夜里三点到早晨五点)

卯时(早晨五点到七点)

辰时(早晨七点到上午九点)

巳时(上午九点到上午十一点)

午时(上午十一点到下午一点)

未时(下午一点到三点)

申时(下午三点到五点)

酉时(下午五点到晚上七点)

戌时(晚上七点到九点)

亥时(夜里九点到十一点)

3.……代表二十四个节气

节气是根据昼夜的长短、中午日影的高低等,在一年中定出若干个点,每一个点就叫一个节气。节气表明地球在轨道上的位置。二十四节气是指立春、雨水、惊蛰、春分、清明、谷雨、立夏、小满、芒种、夏至、小暑、大暑、立秋、处暑、白露、秋分、寒露、霜降、立冬、小雪、大雪、冬至、小寒、大寒。二十四节气表明气候变化和农事季节。

4.……代表天上的二十八个星宿

中国古代天文学家把天空中可见的星分成二十八组,叫做二十八宿(xiù)。东西南北四方各七宿。

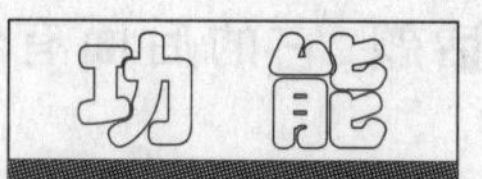

1. 表达看法(2) biǎodá kànfǎ

Express an opinion (...think that / feel that...)

古代中国人**认为**天是圆的,地是方的。

我们　　　　王教授的看法有问题

我　　　　　人口太多是个大问题

________　____________

我们**觉得**在天坛人非常小,天很大很有力量。

我　　还是应该告诉她一声好

他　　中国的交通很拥挤

____　____________

[说明]"认为"多用于书面语,"觉得"多用于口语。

2. 假设和结论(1) jiǎshè hé jiélùn

Supposition and conclusion (If...then...)

如果把它们加在一起,**就**代表二十四节气。

有什么问题　给我打电话

你喜欢　送给你吧

______ ______

要是把它们加起来,**就**代表二十八星宿。

能坐飞机来　能在三点钟到

有钱,我　去南方旅行

______ ______

6

3. 转换话题 zhuǎnhuàn huàtí

Change the subject / topic

天子走东边。**至于**文武百官,只能走西边。

我决定不去　你去不去　你自己决定

东西很便宜　好不好　我可不知道

______ ______ ______

[说明]"至于"用来引出与上文相关的新话题,也即转换一个话题。"至于"后面的名词或动词性词语即为话题,它的后面有停顿。

4. 推测(3) tuīcè

Guess/Conclude from what one heard (That is to say.../So...)

这样说来,天坛连数字都有象征意义。

我们是必须参加了

你是不想去了?

______

5. 禁止 jìnzhǐ

Forbiddence (...is forbidden.../...do not allow...)

春天**不许**打猎,因为动物还没长大。

爸爸　我喝白酒

在这里停车

______ ______

6. 相关/无关 xiāngguān / wúguān

Relevant / Irrelevant (...has something/nothing to do with...)

这种天人观**跟**中国是一个农业国**有关**

我学习汉语 爸爸对我的影响

学得好不好 老师教得好不好

________ ____________

我学得好不好**跟**你教得好不好**无关**

这件事情 你们大家

这是你的事, 我

________ ________

[说明]“跟……有关/无关”中的“跟”也可以换成“和”、“与”等;根据需要,“有关”可以说成“有关系”、“有一定关系”、“有很大关系”等;“无关”可以说成“没有关系”、“没太大关系”等。

6

7. 表示必须 biǎoshì bìxū

Necessity (...must...)

大臣**必须**服从皇帝。

(我们) 现在就走

你 来一趟

______ ______

[说明] 这里的“必须”在口语中也说成“得”(děi)。

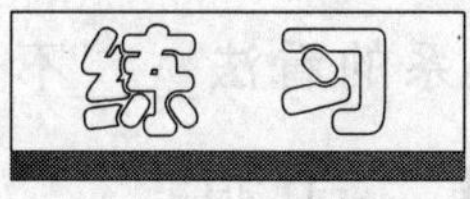

一、根据课文填空

1. 师傅,请在这儿停____,我们到了。

2. 祈年殿就是个典______的例子。

3. 中国是个农业国,人们____天吃饭。

4. 那上面的龙凤不是画上______的，是天然的。

5. 中国的皇帝为什么____叫天子？

6. 天人观，就是____天和人之间关系的看法。

7. 天人合一的思想____中国文化影响很大。

8. 这种天人观____维护传统社会秩序是有好____的。

9. 实际上把道德规律______是不变的自然规律，是很有问题的。

二、选择惟一恰当的词语填空

1. 迪斯尼世界之窗的祈年殿比真的差____了。

A 多　B 少　C 大　D 小

2. ____中国人喜欢吃，外国也喜欢吃。

A 不是　B 不光　C 而且　D 而是

3. 我们班____有五个国家的学生。

A 所有　B 一起　C 一块　D 一共

4. 这种思想的____跟中国是个农业国有关。

A 成为　B 形成　C 变成　D 看成

5. 在这个问题A上，我们的看法是____的。

A 一致　B 一起　C 一块　D 一共

6. 你是怎么想的，就____说吧！

A 什么　B 这么　C 怎么　D 那么

7. 不同的民族，对人和天关系的看法____不太一样。

A 都　B 也　C 得　D 很

三、把词语组成句子

1. 皇帝　每年　以前　都要　这儿　来　到　春天　祭天

2. 认为　古时候　天　方的　是　是　圆的　中国人　地

3. 觉得　很　天坛　我　在　小　天　而　很　大　人

4. 很早　开始　了　问题　这个　古代　研究　就　中国人

5. 关系　人　应该　和　是　自然　的　统一　的　和谐

6. 就是　尊重　人类　自然规律　保护　自己　和　尊重

四、完成句子

6

1. 不知为什么，______________________。

2. 我学汉语很努力，______________________。(差远了)

3. ______________________，请给我打个电话。(要是……)

4. 我听说______________________。(跟……有关)

5. 我已经写信请他来，______________________。(至于)

6. 经常看中国电视，______________________有好处。

7. 不同的国家有不同的______________。

8. 不同的__________有不同的__________。

五、综合填空(即根据上下文的意思，从所给的 ABCD 四个词语中选择惟一恰当的一个)

(一)我①认识一个朋友，他②是美国人，我们俩住③同一个城市，但我们以前从没④。实际上他家⑤我家并不太远。我们俩是在天坛公园认识⑥。

① A 早　B 也　C 就　D 刚

② A 也　B 就　C 一样　D 同

③ A 过　B 在　C 着　D 了

④ A 见了面　B 见面　C 见过面　D 见面了

⑤ A 靠　B 在　C 离　D 从

⑥ A 的　B 了　C 认识　D 呢

(二)我们每天从早①晚,除了学习②,也做一些③学习无关的活动,比如跟朋友聊天、参加朋友的生日晚会④活动。⑤把这些活动时间也用在学习汉语⑥,那我们的汉语水平一定⑦提高得更快。

① A 到　B 和　C 至　D 及

② A 以后　B 以外　C 外面　D 后面

③ A 连　B 就　C 跟　D 对

④ A 那些　B 这些　C 一些　D 等

⑤ A 要是　B 就是　C 光是　D 而是

⑥ A 中　B 里　C 上　D 时

⑦ A 会　B 就　C 才　D 被

6

六、回答问题

1. 祈年殿的三层屋顶象征着什么?

2. 祈年殿里的柱子都有什么象征意义?

3. 有关"天人合一"有哪两种主要的说法?

4. 为什么说把道德规律看成是不变的自然规律是很有问题的?

七、谈谈你们国家有什么样的天人观

八、背诵短文《古代中国人的天人观》

第七课

7

1. 对话

我真想跟苗族姑娘一起跳舞

在中华民族园

茉　莉：喂！大为！你去哪儿？

大　为：我去燕山饭店发传真，再兑换几张旅行支票，我手里的人民币快用完了。

茉　莉：是吗？那咱们是一路，我正要去校外的小饭馆吃饭。

大　为：我听说有的小饭馆不太干净，小心吃了生病！

茉　莉：中国人不是常说“不干不净，吃了没病”吗？实际上，这些小饭馆的卫生一般还可以，而且饭菜的味道比留学生食堂好得多，价钱也便宜。我最爱吃的菜是宫爆鸡丁，京酱肉丝和麻婆豆腐。

大　为：听你这么一说，我应该先去尝尝宫爆鸡丁，再去办事。

茉　莉：好啊，走！哎，我说大为，昨天咱们去的中华民族园，你觉得怎么样？

大　为：还可以。不过我觉得跟迪斯尼世界之窗差不多，也是为吸引游客修建的，门票还那么贵。

茉　莉：门票贵，去的人就不太多。中国的公园最大的问题就是人太多，简直是人山人海，很难找到清静一点的地方。

大　为：我也是来中国以后才体会到中国的人口问题有多严重。在美国我简直想像不到。

茉　莉：所以我觉得昨天我们在湖边的侗族竹楼喝茶，除了热情的主人，就是吴老师我们几个，那种感觉很不错，又清静又安闲。

大　为：是啊。还有咱们喝的那种苦茶，我以前从来没喝过。那种茶，喝的时候非常苦，可是回味起来又有一点儿甜，喝着真舒服。

茉　莉：园中的建筑，你最喜欢哪些？

大　为：哎呀！这个问题可不好回答。那些建筑各有特色，像藏族的大昭寺，侗族的竹楼，苗族的吊脚楼，傣族的佛寺。对了，茉莉，我问你，傣族人和藏族人都信佛教，是吗？

茉　莉：是的，但是还不太一样。藏族，还有蒙古族，他们信的是喇嘛教。新疆的维吾尔族以前也信佛教，后来改信回教了。我的同屋是宗教系的学生，这些都是她告诉我的。

大　为：怪不得你知道得这么清楚。看来有个好同屋非常重要！

茉　莉：昨天晚上的少数民族歌舞，你觉得怎么样？

大　为：太棒了！特别是苗族舞，热情奔放。当时我真想跑过去跟他们一起跳，可是我又怕跳得不好，别人笑话我。

茉　莉：实际上，不会有人笑话你的，我就不怕人笑话。

生词

1. 发	（动）	fā	send（a mail，fax，etc.）
发传真		fā chuánzhēn	send a fax
2. 兑换	（动）	duìhuàn	change money，cash checks
3. 旅行支票		lǚxíng zhīpiào	traveller's checks
4. 生病		shēng bìng	get sick
5. 味道	（名）	wèidao	taste，flavor
6. 差不多		chàbuduō	almost the same
7. 吸引	（动）	xīyǐn	attract
8. 人山人海		rén shān rén hǎi	huge number of people
9. 清静	（形）	qīngjìng	quiet
10. 体会	（动，名）	tǐhuì	learn / realize from personal experiences
11. 严重	（形）	yánzhòng	serious，bad
12. 感觉	（动）	gǎnjué	feel；feeling
13. 从来	（副）	cónglái	always，all along
14. 安闲	（形）	ānxián	leisurely and peaceful
15. 苦	（形）	kǔ	bitter
16. 回味	（动）	huíwèi	aftertaste；look back on
17. 甜	（形）	tián	sweet
18. 特色	（名）	tèsè	special features
19. 信	（动）	xìn	believe，trust
20. 佛寺	（名）	fósì	Buddhist temple
21. 佛教	（名）	Fójiào	Buddhism
22. 喇嘛教	（名）	Lǎmajiào	Lamaism
23. 回教	（名）	Huíjiào	Moslem

24. 宗教	（名）	zōngjiào	religion
25. 怪不得		guàibude	no wonder
26. 太棒了		tàibàngle	terrific, great
27. 奔放	（形）	bēnfàng	unrestrained
28. 笑话	（动）	xiàohua	laugh at, joke

1. 燕山饭店	Yānshān Fàndiàn	Yanshan Hotel
2. 宫爆鸡丁	Gōngbào Jīdīng	kongpao chicken
3. 京酱肉丝	Jīngjiàng Ròusī	shredded pork
4. 麻婆豆腐	Mápó Dòufu	mapo tofu
5. 中华民族园	Zhōnghuá Mínzú Yuán	Chinese Nationality Park
6. 侗族竹楼	Dòngzú Zhúlóu	Dong people's bamboo hut
7. 藏族大昭寺	Zàngzú Dàzhāo Sì	Dazhao Temple of Tibet
8. 苗族吊脚楼	Miáozú Diàojiǎolóu	Miao people's elivated hut
9. 傣族	Dǎizú	Dai nationality
10. 新疆	Xīnjiāng	Xinjiang
11. 维吾尔族	Wéiwǔ'ěrzú	the Uygurs

2. 短文

中华文化的根——中国神话

中国有五十六个民族，汉族是人口最多的民族，全国有90%多的人口是汉族。所以其他五十五个民族就是少数民族。少数民族和汉族共同创造了中国的历史和文化。其中，中华民族的古代神话可以说是中华文化的根，它对中国的历史、哲学、文学、艺术以及民族精神的形成，都有很大的影响。

汉族神话《精卫填海》讲了这样一个故事:炎帝有个女儿叫女娃,有一天她正在东海里游泳,这时候海上刮起了大风,女娃不幸被大海淹死了。女娃死后变成了一只可爱的小鸟,名叫精卫,住在一座山上。因为是东海淹死了她,于是她就每天叼山上的石头和树枝投到东海里。一天又一天,一年又一年,精卫要把东海填平。有人说,一直到现在精卫还在填海呢。

壮族神话《太阳、月亮和星星》非常有想像力。在故事里太阳是父亲,月亮是母亲,星星是他们的孩子。太阳每天早晨起来都很饿,要吃掉很多星星。早晨东边天上那红红的颜色就是星星的血。那些没有被太阳吃掉的星星就藏了起来,到晚上才出来。然而,太阳总也吃不完星星,因为月亮每个月都有半个月的时间在怀孕,那时候的月亮越来越圆。下半个月她就会生很多"孩子"。在晴朗的晚上,月亮妈妈总是带着她的孩子们在天空中高兴地旅行。可是一到早上,星星们想到他们可能会被太阳吃掉,就难过起来。他们的眼泪落在地上,就是早晨的露水。

生词

1. 根	（名）	gēn	roots
2. 神话	（名）	shénhuà	myth, mythology
3. 其他	（代）	qítā	other
4. 共同	（形）	gòngtóng	together; common
5. 创造	（动，名）	chuàngzào	creat; creation
6. 哲学	（名）	zhéxué	philosophy
7. 艺术	（名）	yìshù	art
8. 不幸	（形）	búxìng	unfortunate(ly)
9. 淹	（动）	yān	drown
10. 叼	（动）	diāo	hold in the mouth
11. 树枝	（名）	shùzhī	twig, branch
12. 投	（动）	tóu	throw
13. 填	（动）	tián	fill up
14. 星星	（名）	xīngxing	star
15. 想像力	（名）	xiǎngxiànglì	imagination
16. 吃掉	（动）	chīdiào	eat up
17. 藏	（动）	cáng	hide
18. 怀孕		huái yùn	be pregnant; pregnancy
19. 晴朗	（形）	qínglǎng	clear, cloudless
20. 天空	（名）	tiānkōng	sky
21. 眼泪	（名）	yǎnlèi	tear
22. 落	（动）	luò	fall, drop
23. 露水	（名）	lùshui	dew

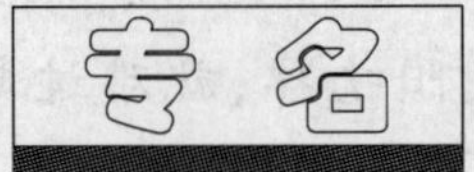

1. 精卫填海	Jīngwèi tián hǎi	Jingwei Fills Up the Sea

2. 炎帝	Yándì	a legendary ruler of remote antiquity
3. 女娃	Nǚwá	name of a girl
4. 东海	Dōng Hǎi	East Sea
5. 壮族	Zhuàngzú	Zhuang nationality

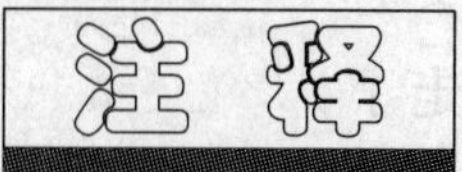

注释

7

1.……才体会到中国的人口问题有多严重

“多”在此为副词，同于副词“多么”，用在形容词前表示程度很高，含有夸张的语气。口语中“多”可读成 duó。

2. 喝的时候苦，可是回味起来又有一点儿甜

“起来”在此是趋向补语的引申用法，表示动作的开始并继续。有时动词的宾语可以插入“起来”的中间。例如：

(1) 同学们唱起了中国歌来。

(2) 他讲完以后，大家鼓起掌来。

(3) 说起话来比骂人还难听。

3. 那些建筑各有特色

“各”是副词，用在动词/形容词前面，表示“分别—”的意思。这里“各有特色”是说那些建筑分别有自己的特色。又如：

(1) 学期结束后，我们就各回自己的国家。

(2) 橘子和苹果各买五斤。

此外，副词“各”还有“各＋动＋各(＋的)”用法，表示有区别、不一样。例如：

(1) 来学汉语的留学生各有各的打算。

(2) 下课后大家各回各的宿舍。

4. 实际上，不会有人笑话你的

“的”用在句末，即“陈述句＋的”，表示肯定的语气。用不用“的”意思相同，但用“的”后加强了肯定的语气。又如：

(1) 我一定会回来的。(语气非常肯定)

我一定会回来。(语气不那么肯定)

(2) 你的病会好的。(比较肯定)

你的病会好。(不太肯定)

此外,“句子 + 的”中的“的”也用于表示已然,即表示动作的完成。例如:

(3) 我骑自行车去的。(已去过)

我骑自行车去。(尚未去)

(4) 他什么时候走的?(已走了)

他什么时候走?(尚未走)

5. 这时候海上刮起了大风

“起”在此是趋向补语的引申用法,表示某种情况(事物)是随着动作的开始和持续而出现的。比如这里的“大风”是随着动作“刮”的实现和持续而形成的。又如:

(1) 屋里响起了电话铃声。

(2) 四点钟天突然下起了大雨。

此外,“说/问/讲/谈/提/学…… + 起”表示动作涉及的对象。例如:

(3) 说起旅行,大家都很有兴趣。

(4) 我们刚才还谈起了你。

(5) 他来信问起你最近身体怎么样。

(6) 提起他,大家都很有意见。

(7) 学起外语,常常连饭都忘了吃。

1. 提醒注意(1)　tíxǐng zhùyì

Cause attention (Hey, listen...)

哎,(我说)大为,你觉得民族园怎么样?

老王　八点了,你得走了。

孩子可有点发烧。

(哎,)我说小王,老赵的电话是多少?

李明　我给你想个办法吧!

咱家自行车放哪儿了?

____ ____________________

[说明]"哎"读 āi 或 ài,表示提醒听话人注意。"我说"也表示提醒。"哎,(我说)(姓名/称谓)"和"(哎,)我说(姓名/称谓)"用来提醒对方注意下面所说的话语。一般用于夫妻或关系极为密切者之间。用于非正式场合。

7

2. 表示评价(1)　biǎoshì píngjià

Evaluation

S_1 你觉得这家饭馆怎么样?　S_2 | **还可以** / **(很)不错** / **好极了** / **非常好** | 。

S 小王的英语 | **还可以** / **真棒** / **(很)一般** / **不太好** | 。

[说明]"还可以"表示不坏、过得去,可以接受。也说成"还行"。"一般"大致相当于"还可以"。"很一般"是不太好的意思。"真棒"也说"特棒",是北京口语,非常好的意思。

3. 引出新话题(1)　yǐnchū xīn huàtí

Suddenly remember a new topic

对了,傣族人是不是信佛教?

老李上午又来找你来了。

你帮我跟老师请个假。

____

[说明]"对了"用于引出受谈话内容启发而想到另一件事,或是突然想起的跟谈话内容毫不相干的某件事情。

4. 表示醒悟　biǎoshì xǐngwù

Realize something (No wonder...)

怪不得你知道,原来是他告诉你的。

你听不懂,他说的是上海话。

他说得那么好,他在北京住了五年。

____

[说明]"怪不得 A,(原来)B"表示说话人明白了某一事实 A,是由于 B 造成的。"怪不得"也可用于后一分句,如"他在北京住了五年,怪不得汉语那么好。"

7

5. 指代过去某时　zhǐdài guòqù mǒu shí

Refer to a time in the past (...at that moment...)

他们跳得真好,**当时**我真想和他们一起跳。

两年前我来过,　我还没学中文呢!

他 1982 年生的,　他爸爸正在英国。

__________　______________

[说明]"当时"可以说成"那时候"。值得注意的是,学汉语的外国人往往习惯于说"那时候"而不大使用"当时"。

6. 表示一向如此　biǎoshì yíxiàng rúcǐ

Always

月亮妈妈**总(是)**带着孩子们在天空中旅行。

他每天　高高兴兴的样子

她上课　迟到

______　__________________

一、根据课文填空

1. 我去燕山饭店 发 传真,再 兑 (duì) 换几张旅行支票。

2. 那咱们是____路，我也要去校外办事。

3. 这些小饭馆饭菜的____比留学生食堂好得多。

4. 我最____吃的菜是宫爆鸡丁和京酱肉丝。

5. 这么说我应该____去尝尝宫爆鸡丁，____去办事。

6. 中华民族园是____吸引游客修建的。

7. 公园的人太多，____是人山人海。

8. 那种苦茶，我以前____没喝过。

9. 那些建筑____有特色，____藏族的大昭寺，侗族的竹楼等。

10. 傣族人和藏族人都____佛教，是吗？

11. 实际上，不会有人笑____你的。

12. 五十六个民族共同创____了中国的历史和文化。

13. 海上刮起了大风，女娃____被大海淹死了。

14. 女娃死后____了一只可爱的小鸟。

15. 因为是东海____死了她，她就每天____山上的石头和树枝____到东海里，她要把东海____平。

16. 那些没有____太阳吃掉的星星就藏了起来，到晚上____出来。

17. 他们的眼泪____在地上，就是早晨的露水。

二、填空组成词语或句子

1. 用完

____

____

2. 小心吃了生病

____

____

4. 我从来没喝过那种苦茶

____ ____

____ ____

5. 他的汉语比我好得多

____ ____

____ ____

3. 不干不净

__ __

__ __

6. 把石头投到东海里

______ ______

______ ______

三、选择合适的趋向动词填空

起来　上来　出来　下去　过去　过来

1. 一想到这些就难过____。

2. 他把好吃的东西都藏了____。

3. 你讲得很好，请你讲____。

4. 明年我还要在这儿继续学____。

5. 我们快走吧，他们从后面追____了。

6. 这时从前边走____一个警察。

7. 刚才从我们旁边走____的那个人我好像认识。

8. 我想____了，他的电话号码是67895432。

9. 我想____一个好办法，你们看行不行。

10. 请你拿____给我们看看！

四、完成句子

1. 你应该先____________，再____________。

2. 我觉得____________跟____________差不多。

3. 我从来____________________。

4. 我们班有十七名同学，其中____________________。

5. 你们几个跟我来，其他____________________。

6. 听说这事得王先生同意，于是____________________。

7. 你们俩的看法各有各的____________________。

8. 不幸的人各有各的____________________。

五、英译汉

1. In fact, the hygene of these small restaurants are all right.

2. I am going to cash a few traveller's checks. My money is running out.

3. Nobody will laugh at you. I am not afraid of others laughing at me.

4. Some people say that up till now Jingwei is still attempting to fill up the sea.

5. By day, the stars hide themselves. They come out only at night.

6. Every day the sun will eat up a lot stars, but it will never eat them all up.

六、熟练地讲述《精卫填海》的故事

七、熟练地讲述《太阳、月亮和星星》

八、用汉语讲述一个你们国家的神话故事,并用汉语写成书面文字交给老师改正

第八课

1. 对话

"洋鬼子"不怕"鬼见愁"

吴老师：今天是阴历九月初九，中国人叫重阳节。这是一个传统节日，你们听说过没有？

茉　莉：没有。我只知道阴历八月十五是中秋节。以前在狄根森学院我们东亚系年年都庆祝这个节日，大家一起吃月饼，讲故事，唱歌什么的。

大　为：重阳节这天，中国人都干些什么呢？

吴老师：主要是爬山。北京人一般都爬香山，看红叶。

茉　莉：那咱们今天是不是也去爬香山？

吴老师：对了。回来的路上还可以顺便去一下颐和园。

大　为：那太好了！今天不冷不热，真是出门儿的好天气。

吴老师：不过今天去香山的人一定很多。坐公共汽车要排很长时间的队，骑自行车又比较远，我们还是"打的"去吧。路上顺便买点吃的。

吴老师：看！这就是香山的东大门。那座山峰叫香炉峰，因为山上常有云雾，看上去整座山峰就像个大香炉。香山的名字就是从这儿来的。

茉　莉：这个名字很美，很有想像力。

吴老师：香炉峰还有个外号，叫"鬼见愁"，意思就是说那座山峰又高又陡，连鬼看见了都发愁。

大　为：我们是"洋鬼子"，我们见了可不发愁！我还要爬上去呢！

吴老师：现在秋天了，正是看红叶的季节。我们走南路上山吧！路上可以先看双清和香山寺，再过半山亭和红叶区，就到鬼见愁了。

茉　莉：这儿的红叶真漂亮，空气也特别新鲜。不过一路上我看到不少垃圾，真让人难以理解。

吴老师：这的确是个问题，有的中国人太不注意保护环境。

大　为：我听说要是随地吐痰和乱扔垃圾，不一定哪儿出来一个人就可以罚你款。我的一个德国朋友，有一次在王府井扔了一个烟头，马上就被一个老太太罚了五块钱。

茉　莉：我也听说过这样的事。留学生里有人说那些老太太特别注意外国人，说这很不公平。可是我觉得，不论中国人还是外国人乱扔垃圾都不对，罚款是应该的。

大　为：我们快到山顶了。加油！

吴老师：啊！你们过来看！这儿的风景不错。下边这些房子是香山饭店，那座小山叫玉泉山，远处是颐和园。从前站在这儿可以看得更远，整个北京城差不多都能看到。最近几年因为空气污染，北京城已经不容易看到了。

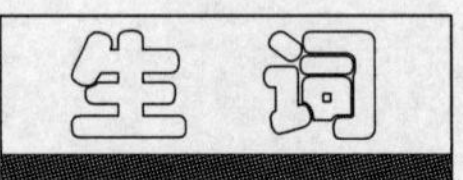

1. 阴历	（名）	yīnlì	lunar calendar
2. 庆祝	（动）	qìngzhù	celebrate；celebration
3. 主要	（形）	zhǔyào	main(ly)，major
4. 顺便	（副）	shùnbiàn	in passing
5. 打的		dǎ dī	(slang)take a taxi
6. 山峰	（名）	shānfēng	mountain peak
7. 整	（形）	zhěng	whole，entire
8. 外号	（名）	wàihào	nickname
9. 发愁		fā chóu	worry，be worried
10. 区	（名）	qū	district，area
11. 空气	（名）	kōngqì	air
12. 新鲜	（形）	xīnxiān	fresh
13. 垃圾	（名）	lājī	garbage，rubbish
14. 注意	（动）	zhùyì	pay attention to
15. 环境	（名）	huánjìng	environment
16. 随地吐痰		suí dì tǔ tán	spit on the ground
17. 罚	（动）	fá	punish
罚款		fá kuǎn	fine（someone）
18. 烟头	（名）	yāntóu	cigarette butt
19. 公平	（形）	gōngpíng	fair
20. 不论	（连）	búlùn	no matter，regardless of

21. 加油		jiā yóu	Step on it! Come on!
22.(远)处		(yuǎn)chù	a (faraway) place
23. 污染	(名,动)	wūrǎn	pollution; pollute

专 名

1. 鬼见愁	Guǐjiànchóu	name of a mountain peak
2. 香山	Xiāng Shān	Fragrant Hill
3. 重阳节	Chóngyángjié	the Double Ninth Festival
4. 中秋节	Zhōngqiūjié	the Moon Festival
5. 东亚系	Dōngyà Xì	East Asian Department
6. 香炉峰	Xiānglú Fēng	name of a mountain peak
7. 双清	Shuāngqīng	Double Spring
8. 香山寺	Xiāngshān Sì	Fragrant Hill Temple
9. 王府井	Wángfǔjǐng	shopping area in Beijing
10. 玉泉山	Yùquán Shān	Jade Spring Mountain

2. 短文

中国的园林艺术

中国的园林艺术体现了中国文化的精神。无论是南方小巧的私人园林,如苏州园林;还是北方宏大的皇家园林,如承德的避暑山庄、北京的颐和园等,都讲究再现山水景物的自然美。这种造园思想正是中国传统哲学中天人合一思想的体现。中国园林用山、水、石、花草和树木再现自然之美,各种风格的建筑点缀在山水之间,从而创造出一种比自然山水更美的景色。中国园林体现了人和自然和谐统一的思想,也体现了热爱自然和崇尚自然的民族心理。

颐和园万寿山

划分风景区，讲究对景和借景是中国园林的特色。以颐和园为例，它有万寿山和昆明湖两大景区。在万寿山上修建了高大的佛香阁等民族建筑；在昆明湖上建岛、修桥，使小岛和万寿山、十七孔桥和佛香阁相对成景，并形成一幅巨大的山水画：山上绿树、红楼、金色的宫殿，湖上小船、石桥、绿色的小岛。

颐和园十七孔桥

颐和园还用借景的方法把园外的景物借到园内。它用树木挡住颐和园的西墙，使园外西山的风景和玉泉山宝塔好像跟颐和园是连在一起的，人们看不出哪儿是园内哪儿是园外，使人觉得好像不是在园林里，而是在自然中。

景物有藏有露，讲究风景的变化，也是中国园林重要的艺术特色。的确，刚进到颐和园东门时，人们会觉得很挤，四面都是宫殿和房子。可是，当你来到湖边时，就会觉得豁然开朗。这时你每走几步看到的就是一幅不同的风景画。走在园中，就好像走在一幅立体的山水画中，使人心旷神怡。

8

生 词

1. 园林	（名）	yuánlín	garden, park
2. 小巧	（形）	xiǎoqiǎo	small and exquisite
3. 宏大	（形）	hóngdà	grand, great
4. 再现	（动）	zàixiàn	reproduce, reappear
5. 景物	（名）	jǐngwù	scenery
6. 造园		zào yuán	design/make a garden
7. 风格	（名）	fēnggé	style
8. 点缀	（动）	diǎnzhuì	decorate; decoration
9. 从而	（连）	cóng'ér	thus, thereby
10. 崇尚	（动）	chóngshàng	uphold, advocate
11. 心理	（名）	xīnlǐ	psychology, mindset
12. 划分	（动）	huàfēn	divide, differentiate
13. 对景		duìjǐng	contrast the scenes
相对成景		xiāng duì chéng jǐng	make the scenery beautiful through contrast
14. 借景		jièjǐng	borrow scenes
15. 岛	（名）	dǎo	island
16. 巨大	（形）	jùdà	huge
17. 山水画	（名）	shānshuǐhuà	landscape painting

18. 连	（动）	lián	link
19. 露	（动）	lù	expose, show
20. 当……时		dāng……shí	while, when
21. 豁然开朗		huòrán kāilǎng	suddenly see the light
22. 立体	（名）	lìtǐ	three-dimensional
23. 心旷神怡		xīn kuàng shén yí	carefree and joyful

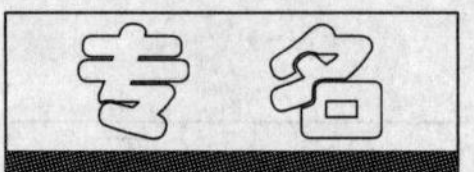

1. 苏州园林	Sūzhōu Yuánlín	gardens of Suzhou
2. 承德避暑山庄	Chéngdé Bìshǔ Shānzhuāng	Chengde Mountain Summer Resort
3. 万寿山	Wànshòu Shān	Longevity Hill
4. 昆明湖	Kūnmíng Hú	Kunming Lake
5. 十七孔桥	Shíqīkǒng Qiáo	Seventeen-arched Bridge
6. 佛香阁	Fóxiāng Gé	Buddha Scent Pavilion
7. 玉泉山宝塔	Yùquánshān Bǎotǎ	Yuquan Hill Pagoda

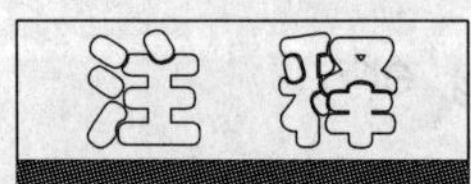

1. 今天是阴历九月初九

阴历，这里指农历，是中国传统的历法，相传创始于夏朝，所以又称夏历。也叫旧历。一年 12 个月，大月 30 天，小月 29 天，全年 354 天或 355 天，有闰月的年份全年 383 天或 384 天。

初九，这里指农历九月的第九天。农历每月的第一天到第十天分别称初一、初二、初三、初四、初五、初六、初七、初八、初九、初十。从第十一天开始不用"初～"来称说。

2. 讲故事，唱歌什么的

"什么的"用在一个或几个并列的成分后，表示例举，相当于"等等"。用于口语。

3.（坐车要排长队，骑车又远）我们还是"打的"去吧。

"还是"在此为副词，表示经过考虑、比较后作出的比较理想的选择。又如：

(1) 还是你来我这儿吧，到你那儿不方便。

(2) 我想还是你去跟他说好。（还是……好）

此外，副词"还是"还可以表示某种情况（动作、行为或状态等）保持不变，或不因上文所说的情况而改变，有"仍然、仍旧"的意思。例如：

(1) 我们今天还是学习第八课。

(2) 我又给他打了一次电话，家里还是没人。

(3) 虽然多年不见，他还是那么年轻。

4. 看上去整座山峰就像个大香炉

"看上去"表示从外表估计、打量，或者说某一事物从外表上给人的感觉或印象。又如：

(1) 他才40岁，可看上去像60岁。

(2) 这座山从远处看上去像匹骆驼。

5. 不一定哪儿出来一个人就可以罚你款

"不一定+哪儿/什么/谁"中的"不一定"表示也许、很可能。又如：

(1) 他不一定什么时候就会回来的。

(2) 不会丢的，不一定谁拿错了。

(3) 他不一定哪天就走了。

此外，"不一定"在别的场合表示不能肯定，但倾向于否定。含有"可以不必"的意思。

(4) 明天我不一定去。（可能不去）

(5) 你不一定要买，可以借一本看看。（你可以不必买）

(6) 我不一定不来，可能要晚点来。（可能要来）

6. 人们看不出哪儿是园内哪儿是园外

"看不出"即看不出来，也即不能发觉、不能发现。

8

功能

1. 顺便做某事　shùnbiàn zuò mǒushì

While doing one thing, one does another because it is convenient

回来的路上还可以**顺便**去一下颐和园。

下午我去看李老师，　　到书店买本书

你去李老师家，请　　帮我把书还给李老师

________　　________

2. 选择　xuǎnzé

表示比较后作出的选择

Choice (...it's better that...)

坐车挤骑车又远，**还是**"打的"去吧。

那种有点儿贵　　买这种吧

我的汉语不好　　你来翻译好

________　　________

3. 表示结论不变(1)　biǎoshì jiélùn bú biàn

Show something or someone makes no difference to the conclusion (It doesn't matter if...)

不论中国人还是外国人，**都**不该乱扔垃圾。

明天下雨不下雨　　不能不去

有什么事(我)　　喜欢跟他谈

________　　________

[说明]"不论"的后面要有表示可供选择的并列形式(A还是B / A不A / 是否A)，或表示任指的疑问代词(谁/什么/哪里……)。

4. 举例(2)　jǔlì

Give examples (Take...as an example...)

以颐和园**为例**，它有山和湖两大景区。

精读课　　每课有生词八十多个

小王　　每天路上就花三小时

________　　________

[说明](1)"以A为例"等于说"用A作例子""拿A来说"。(2)"以A为例"可以说成"比如(说)A""例如A"等。

练 习

一、根据课文填空

1. 重阳节是中国人的传____节日。

2. 中秋节大家一起吃月饼、讲故事、唱歌____的。

3. 你每天晚上都干____什么？

4. 那座山峰又高又陡，连鬼看见了都____愁。

5. 有的中国人太不注意保____环境了。

6. 不少中国人总是____地吐痰和____扔垃圾。

7. 大家都说这样做很不公____。

8. 从前站在这儿，____个北京城差不多都能看到。

9. 中国的园林艺____体现了中国文化的精____。

10. 中国园林讲究____山水景物的自然美。

11. 在园林中各种建筑点____在山水之间。

12. 划____景区，讲究对____和借____是中国园林的特色。

13. 人们看不出哪儿是园内____是园外，使人觉得好像不是在园林里，____是在自然中。

14. 景物有____有____，讲究风景的变化，也是中国园林的重要特____。

15. 走在园中，就好像走在山水画中，使人心____神____。

二、熟读下列词组

1. 不冷不热　　不大不小　　不高不陡　　不甜不咸

2. 保护环境　　环境很好　　环境污染　　污染环境

3. 豁然开朗　　心情开朗　　性格开朗　　很开朗

4. 崇尚自然　　热爱自然　　保护自然　　再现自然

5. 艺术特色　　建筑特色　　很有特色　　民族特色

6. 空气新鲜　　空气污染　　空气不好　　空气很好

7. 随地吐痰　　随地扔东西　随地倒垃圾

三、从第二题的七组词组中选择合适的填空

1. 秋天的北京________,是旅行的最好季节。

2. 各国人民都应该注意________。

3. 我刚刚认识的这位中国朋友性格________。

4. 中国的园林艺术讲究________。

5. 北京的四合院是________的。

6. 最近几年,这里的________很严重。

7. 我们这个楼的老百姓,都没有________的习惯。

四、填量词

1. 请老师再给我举两____例子!

2. 给王师傅带上一____点心,给他的小孙子买____水果。

3. 那时候每____小街道上都有一____水井。

4. 祈年殿屋顶有三____,象征着天、地和万物。

5. 快给我在这儿照一____相!

6. 十二____柱子象征一年的十二个月。

7. 天人合一有很多说法,不过有两____说法影响最大。

8. 女娃死后变成了一____可爱的小鸟,名叫精卫,住在一____山上。

9. 这时你每走几____,看到的就是一____不同的风景画。

10. 前面这____山峰就是鬼见愁。

五、从 ABCD 四个答案中选出一个跟划线词语意思最接近的一种解释

1. 大家一起吃月饼、讲故事、唱歌什么的。

A 什么事　　C 等等

B 哪一个　　D 那样的

2. 看上去整座山峰就像个大香炉。

A 看得见　　C 看了以后

B 看后上去　　D 从远处看

3. 不一定什么人走过来向你问路。

A 很可能　　C 一定

B 差不多　　D 不太可能

4. 中国的园林讲究再现山水景物的自然美。

A 喜欢、愿意　　C 要求、需要

B 重视、注意　　D 必须、应该

5. 我的确不知道这件事。

A 真的　　C 只是

B 就是　　D 正确

六、说说中国园林艺术的几个特色

七、在造园思想和造园方法上，中国园林与西方园林有什么不同

八、熟读短文《中国的园林艺术》五至八遍

第九课

1. 对话

道教是中国土生土长的宗教

9

吴老师：今天我们去参观白云观。这是中国有名的道观。

茉　莉：老师，什么是道观？

吴老师：道观就是道教的寺庙。道教跟佛教、基督教不一样，是中国土生土长的宗教，到现在已经有一千八百多年的历史了。白云观在唐朝的时候叫天长观，明代改名叫白云观，也有一千多年的历史了。

大　为：信基督教的人拜上帝，信佛教的人拜佛祖，信道教的人拜的是什么神？

吴老师：道教不是一神教，是多神教。拜的神有太上老君，就是老子，还有原始天尊，玉皇大帝和很多别的神。

茉　莉：老子是不是《道德经》的作者？这本书现在已经有一百多种英文翻译了！

吴老师：真的吗？不过道教拜的老子是神，《道德经》的作者是人。现在人们对老子知道得还非常少，但是《道德经》，还有《庄子》，对中国文化的影响却非常深远。这两本书代表了道家的哲学思想。值得注意的是，道家跟道教不是一回事。

大　为：我读过《道德经》的英文翻译。作者主张无为，是吗？

吴老师：对！就是说人应该顺应自然。庄子让人淡泊名利，无功无己。人跟万物都一样，生跟死也没有什么不同，这样人才能活得自由、快乐。

茉　莉：道教跟道家有什么不同？

吴老师：道教是要逆转自然。道士们通过打坐、修行、作好事等各种方法，希望能成仙。

大　为：这座神像很好看。他是什么神？

吴老师：他是吕祖，就是唐朝的吕洞宾。有一个故事说他原来姓李，是皇帝的亲戚。他不但人长得非常漂亮，而且还会写诗作文章。后来因为战乱，他就和妻子一起进山，住在一个山洞里修行。他给自己起了一个名字叫吕洞宾，意思是他们两“口”人都是山洞的客人。可是过了几年，他的妻子死了，洞里只留下他一口人了，他就又给自己起了一个道号，叫纯阳子，意思是现在只有阳，没有阴了。后来不知又过了多少年，他就成仙了。

茉　莉：道教讲究阴阳、五行。阴阳的意思我现在懂了。五行指的是什么？

大　为：是不是金木水火土？

吴老师：对！五行既相生又相克。五行相生的意思是：水生木，木生火，火生土，土生金，金生水。同时五行也相克：金克木，木克土，土克水，水克火，火克金。宇宙中的万物都相生相克，阴阳交替，这变化的规律就是道。理解了这个规律以后，道士们还相信人可以通过打坐修行来逆转这个规律，返老还童。所以道教中有很多像吕洞宾这样的传说。

生词

1. 土生土长		tǔ shēng tǔ zhǎng	indigenous
2. 道观	（名）	dàoguàn	Daoist temple
3. 道教	（名）	Dàojiào	Daoist religion

9

4. 基督教	（名）	Jīdūjiào	Christianity
5. 拜	（动）	bài	worship
6. 上帝	（名）	shàngdì	God
7. 佛祖	（名）	fózǔ	Buddha
8. 作者	（名）	zuòzhě	author，writer
9. 却	（连）	què	however，yet
10. 深远	（形）	shēnyuǎn	profound，far-reaching
11. 主张	（动，名）	zhǔzhāng	advocate；advocation
12. 无为		wúwéi	non-action，doing nothing
13. 顺应	（动）	shùnyìng	go along with，comply with
14. 淡泊名利		dànbó mínglì	do not seek fame and wealth
15. 无功无己		wú gōng wú jǐ	no achievement and no self
16. 自由	（形，名）	zìyóu	free；freedom
17. 逆转	（动）	nìzhuǎn	reverse，turn back
18. 打坐		dǎ zuò	meditate；meditation
19. 修行	（动，名）	xiūxíng	（religious） cultivation
20. 方法	（名）	fāngfǎ	method，way
21. 成仙		chéng xiān	become an immortal
22. 战乱	（名）	zhànluàn	war and chaos
23. 山洞	（名）	shāndòng	mountain cave
24. 五行		wǔxíng	five elements
25. 相生相克		xiāng shēng xiāng kè	mutual promo tion and restraint between the five elements
26. 宇宙	（名）	yǔzhòu	universe
27. 交替	（动）	jiāotì	rotate，replace each other
28. 返老还童		fǎn lǎo huán tóng	return to a young age
29. 传说	（动，名）	chuánshuō	legend

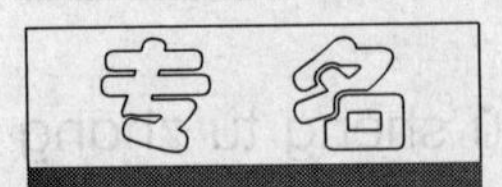

1. 太上老君　Tàishànglǎojūn　Most Exalted Lord Lao（Lao Zi）

2. 老子　Lǎozǐ　Lao Zi
3. 原始天尊　Yuánshǐtiānzūn　Original Heaven
4. 玉皇大帝　Yùhuángdàdì　Jade Emperor
5. 道德经　Dàodéjīng　*Tao Te Ching* (*The Way and Its Power*)
6. 庄子（庄周）　Zhuāngzǐ（Zhuāng Zhōu）　Zhuang Zi
7. 吕祖（吕洞宾）（道号纯阳子）　Lǚzǔ（Lǚ Dòngbīn）（dàohào Chúnyángzǐ）　Patriarch Lü Dongbin (with the Daoist name "Pure Yang")

2. 短文

老庄哲学

在中国传统文化中，人们把老子和庄子的哲学思想叫老庄哲学，也叫道家。

老子画像

大概是在两千五百年以前，老子写了一本书叫《道德经》，也叫《老子》。这本书只有五千字，但这“五千字”对中国文化的影响却非常深远。老子在这本书中主要谈了“道”的观念。他认为道在天地万物存在以前就已经有了，道是天地万物发展变化的规律。万物是有形的，道是无形的。如果说有形的事物是“有”，那么无形的道就是“无”。“无”是指无形的存在，并不是“没有”的意思。“有”是从“无”中生出来的。道没有目的和意志，所以是不变的。老子认为，人应该知足常乐，不要有太多的欲望；君王应该顺应自然规律，无为而治，只要让老百姓有饭吃、有衣服穿、有房子住就可以了。

庄子名叫庄周。他和老子一样，也喜欢谈“道”。但是，庄子强调道是无所不在的，世界上万事万物都体现道，所以万事万物并没有好和坏的差别。比如人有生死，世界上的人都爱生怕死，可是在庄子看来，生和死就好像人在夜里做梦和早上醒来一样。

庄子画像

他还讲了这样一个故事：有一天，庄周梦见自己变成了一只蝴蝶，在百花丛中快乐地飞来飞去。等他醒来，发现自己还是庄周。于是庄子就说，我也不知道是庄周梦见自己变成了蝴蝶，还是蝴蝶梦见自己变成了庄周？这个故事是想告诉人们，物和我、人生和梦并没有太大的差别。庄子认为人生就是一场大梦，因为你正在梦中，所以不知道是梦。

庄子发展了老子的道家哲学。老子主要讲自然规律，庄子主要谈人生哲学。两千多年来，道家崇尚自然、淡泊名利的思想对中国人，特别是知识分子的精神生活影响很大。

生词

1. 观念	（名）	guānniàn	concept
2. 存在	（动）	cúnzài	exist; existence
3. 事物	（名）	shìwù	things and objects
4. 有形	（形）	yǒuxíng	visible, tangible
5. 无形	（形）	wúxíng	invisible
6. 意志	（名）	yìzhì	will, wish
7. 改变	（动）	gǎibiàn	change
8. 欲望	（名）	yùwàng	desire
9. 君王	（名）	jūnwáng	king, monarch
10. 无为而治		wú wéi ér zhì	govern by non-action
11. 只要	（连）	zhǐyào	if only, as long as
12. 强调	（动）	qiángdiào	emphasize, stress
13. 无所不在		wú suǒ bú zài	omnipresent, ubiquitous
14. 差别	（名）	chābié	difference
15. 做梦		zuò mèng	have a dream
16. 醒	（动）	xǐng	wake up
17. 蝴蝶	（名）	húdié	butterfly
18. 百花丛中		bǎi huā cóng zhōng	among a hundred flowers
19. 人生	（名）	rénshēng	life
20. 场	（量）	chǎng	(measure word)
21. 知识分子	（名）	zhīshi fènzǐ	intellectuals, scholars

注释

1. 道家跟道教不是一回事

“不是一回事”表示两件事物性质不同，不能混为一谈。这是一种口语说法，它的意义和用法与口语中的“两回事”、“两码事”相同。例如：

(1)我说的跟你说的不是一回事。

(2)京剧《霸王别姬》和电影《霸王别姬》是两回事。

(3)工作认不认真和有没有能力那是两码事。

此外，跟量词“回”有关的口语词语还有“怎么回事”(有时也说成“怎么一回事”)。主要用于询问原因、详情、过程等，在不同语言环境中，可表示关切、惊讶、不满、申斥等语气。例如：

9

(1)你的手受伤了，是怎么回事？

(2)怎么回事？灯怎么不亮了？

(3)你今天又迟到十分钟，怎么一回事？

2. 人跟万物都一样，生跟死也没有什么不同

“什么”在此用于虚指，即指示不能肯定的人或事物。省去“什么”句子的基本意思不变，加上“什么”使语气不那么直率，同时增添了口语色彩。又如：

(1)她在校门口好像是在等什么人。

(2)多认识几个中国朋友没有什么不好的。

(3)来中国后你有什么不习惯的吗？

此外，“什么”还可以用于代替不肯定、不具体的事物。例如：

(4)他手里好像拿着一个什么东西。

(5)没什么，不用客气。

(6)你要不要喝点什么？

3. 这样人才能活得自由快乐

“才”用在(只有/必须/要/为了/因为)A + 才 + B”格式中连接条件(或原因)和结果。表示有了某种条件(或原因)A，而后会有某种结果(或出现某种情况)B。又如：

(1)只有傻瓜才会那么说。

(2)必须你去请他，他才能来。

(3)到了中国以后，我才体会到中国的人口问题有多么严重。

(4)老师教得好,我们才可能学得好。

4. 五行既相生又相克

"即 A 又 B"表示同时具有 A、B 两方面的性质或情况。A、B 为动词或形容词,A 和 B 的结构和音节数目一般相同。又如:

(1)小王既聪明又漂亮。

(2)我既不想去跳舞,又不想去看电影,我只想睡觉。

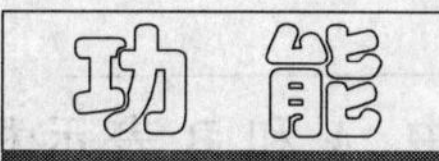

1. 提醒注意(2) tíxǐng zhùyì

Cause attention (We should notice that...)

值得注意的是,道家跟道教不是一回事。

今年冬天比去年冷得多

他最近常常不来上课

______

〔说明〕"值得注意的是"也可以说成"应该注意的是"。

2. 提出观点 tíchū guāndiǎn

Express an opinion (...is of the opinion that...)

老子**主张**人应该顺应自然规律。

我 学习外语要多背诵课文

他 口语课不要用课本

______ ______

3. 递进关系 dìjìn guānxì

One quality on top of another (Not only...but also...)

吕洞宾**不但**人长得漂亮,**而且**会作诗写文章。

老王 会说英文 说得很流利

(他) 会开车 还会修车

______ ______ ______

〔说明〕(1)"不但"也可以说成"不仅";"而且"也可以说成"并且"。(2)"不但

/不仅”有时可以省略。“而且/并且”一般不能省略。(3)“不但/不仅 A”中的 A 往往是说听双方都知道的,而“而且/并且 B”中的 B 往往是听者不了解的,这恰是说者所要突出表达的意思。

4. 假设和结论(2) jiǎshè hé jiélùn

Supposition and conclusion (If...then...)

如果说有形的是“有”,**那么**无形的就是“无”。

有好方法　　多听多说多读就是

老师教得好　　就是你学得不好

〔说明〕“如果说 A,那么 B”中,A 和 B 表示相关的两件事。整个句式表示,如果承认前一分句所说的 A 是事实,那么就得承认后一分句 B 也是事实。

9

5. 条件和结果(3) tiáojiàn hé jiéguǒ

Gondition and result (If only...then...)

只要有饭吃有房子住**就**可以了。

打个电话,他　　给送来

你不反对,我　　去

〔说明〕“只要 A,就 B”表示有了条件 A 就可以有结果 B;但有了别的条件 C,同样可以产生结果 B。

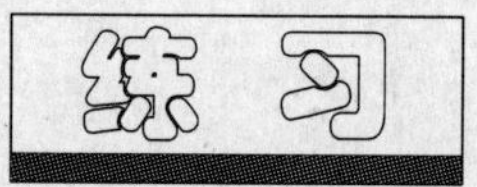

一、根据课文填空

1. 唐代的天长观,明代____名叫白云观。

2. 信基督教的人____上帝,____佛教的人拜佛祖,信道教的人____的是什么神?

3. 这两本书____中国文化的影响非常深____。

4. 人应该淡泊____,这样才能____得快乐、自由。

5. 道教主张要逆____自然。

6. 他妻子死后，洞里就只留____他一个人了，于是他给自己____了一个道号，叫纯阳子。

7. 人们____老子和庄子的哲学思想____老庄哲学。

8. "无"是指无形的存____，____不是"没有"的意思。

9. 有一天，庄周梦____自己变成了一____蝴蝶，等他醒____，发现自己____是庄周。

10. 庄子认为，物和我、人生和梦____没有太大的____。

二、熟读下列词组

1. 影响深远	影响不大	影响别人	影响学习
2. 顺应自然	逆转自然	自然规律	改变自然
3. 相生相克	相亲相爱	返老还童	万事万物
土生土长	阴阳交替	淡泊名利	
4. 无为而治	知足长乐	精神生活	文化生活
5. 飞来飞去	走来走去	看来看去	跑来跑去
6. 无所不在	无所不会	无所不能	无所不谈

三、从第二题的六组词组中选择合适的填空

1. 小点声说话，别______。

2. 老庄哲学主张______，西方哲学主张______。

3. "阴阳五行"是说世界上的万事万物都处在______和______的变化之中。

4. 人应不应该______呢？

5. 他在这儿______，好像有什么事儿。

6. 我们俩是好朋友，在一起______。

9

四、用指定的词语改写句子

1. 白云观以前叫天长观，明代改叫白云观。

原来

2. 值得注意的是，道家跟道教并不是一回事。

应该

3. 他在中国一边学汉语，一边学习中国历史。

同时

4. 我不愿意坐公共汽车，也不愿意坐出租车。

既……又……

9

5. 庄子认为人生就是一场大梦。

在……看来

6. 老子认为道是天地万物发展变化的规律。

把……看成

五、从 a b c 三个答案选择惟一合适的答案

1. 道教是中国土生土长的宗教。

这句话的意思是：

a 道教是在中国产生和发展起来的

b 道教是中国不太好的一种宗教

c 道教不是真的宗教

2. 现在人们对老子知道得还非常少。

这句话的意思是：

a 现在人们才知道老子知道的非常少

b 老子特别不了解别人

c 现在人们对老子这个人了解的还不太多

3. 庄子强调道是无所不在的。

这句话的意思是：

a 庄子强调道没有存在的地方

b 庄子强调道是不存在的

c 庄子强调世界上没有不存在道的事物

4. 没想到他才 40 岁。

这句话的意思是：

a 说话人原来以为他不到 40 岁

b 说话人原来以为他已经 40 多岁了

c 说话人刚刚知道他是 40 岁

9

六、根据下图说说金木水火土五行相生相克的变化规律。

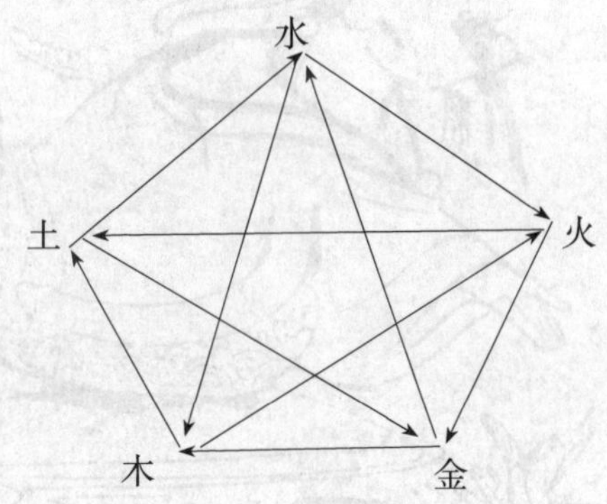

七、回答问题：

1. 吕祖为什么又叫吕洞宾。

2. 说说老子对道的论述。

3. 讲述“庄周梦蝶”的故事，并指出庄子想用这个故事说明什么观点。

八、写一篇 500 ~ 800 字的短文，谈谈你对老庄哲学的看法

九、下面这段对话是庄子和惠子在水池边的一场辩论，你认为庄子和惠子谁说的更有道理

庄子：鱼儿在水中游来游去，自由自在，多么快乐！

惠子：你不是鱼儿，怎么知道鱼儿在水中游得快乐呢？

庄子：你不是我，你怎么知道我不知道鱼儿是快乐的呢？

惠子：我不是你，所以不了解你，而你不是鱼儿，你也不应该知道鱼儿的快乐。

庄子：你问我怎么知道鱼儿的快乐，既然知道我知道鱼儿的快乐，何必还要问我呢？！

庄子、惠子观鱼乐图

9

十、熟读短文《老庄哲学》五至八遍

第十课

1. 对话

老北京讲究听戏

吴老师：昨晚我们看了京剧《霸王别姬》，你们觉得怎么样？

大　为：这出戏跟我以前看过的京剧不太一样。

吴老师：是吗，你以前都看过什么京剧？

大　为：我看过《大闹天宫》，那出戏又热闹又好玩儿。

茉　莉：我以前也看过一出京剧，叫《钟馗嫁妹》。那出戏里钟馗的妹妹很漂亮，可是钟馗真难看。

吴老师：钟馗是个鬼，不过他是个好鬼。以前中国人喜欢把他的画像挂在门上，这样恶鬼就不敢进来了。你们以前看的都是武打戏。实际上，老北京讲究听戏。

大　为：为什么不是看戏呢？

吴老师：因为戏里的故事，他们早知道了。一些比较有名的戏，像《四郎探母》、《白蛇传》，他们自己都能唱了。可是如果哪天有特别好的演员，老北京叫角儿，来唱这出戏，他们一定还想再去听听。

茉　莉：这确实跟我们看电影不一样，看电影主要是为了看故事。。

10

大　为：还有，我觉得京剧跟西方的歌剧也很不同。歌剧主要就是唱，京剧除了唱，还有别的。

吴老师：你说对了。京剧讲究唱、念、做、打，其中唱最重要，念就是戏里人物的对话，做指的是表演，打就是武打。大为，昨天你说你喜欢大花脸，是吗？

大　为：对了，就像《霸王别姬》里的霸王。不过我最喜欢的还是白鼻子小丑，他们都是些小老百姓，说的话我差不多都听得懂。

茉　莉：我也喜欢小丑，我还喜欢京剧的舞台。台上除了一张桌子和两把椅子，别的什么也没有。演员两手一推就是门，往前一跳，摇晃几下，就上船上。一条鞭子就代表马，拿着它，你可以慢慢地走，也可以飞快地跑。演员表演得越精彩，观众就越能想像出戏里的情景。

吴老师：你说得不错。看来你对京剧已经入门儿了。

茉　莉：哪里，我还差得远呢！老师，京剧的历史有多长？

吴老师：也就是二百多年吧。20世纪初是京剧的黄金时期。这个时期出了很多一流的艺术家，像梅兰芳，杨小楼就是。不过现在京剧的观众越来越少了，很多人宁可在家看电视，年青人宁可去跳舞，也不要去听京剧。

大　为：为什么现在中国人不喜欢京剧了呢？

吴老师：原因很多。懂戏的人觉得现在没有什么好角儿。你想要是没有精彩的表演，谁愿意花三个小时去看一个大家都已经知道了的故事呢？而且时代不同了，人们的思想和价值观也变了。京剧都是些老故事，讲的是忠孝节义、因果报应什么的，跟现代人的思想差得太远了。

茉　莉：思想虽然差得很远，可是昨天的戏还是使我很感动。我觉得我能理解虞姬，真的！

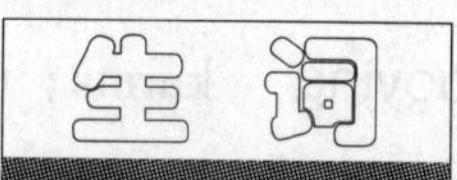

1. 戏	（名）	xì	opera, drama, play
2. 热闹	（动,形）	rè'nao	lively, bustling with noise and excitement
3. 好玩儿	（形）	hǎowánr	a lot of fun
4. 恶	（形）	è	evil
5. 武打	（名）	wǔdǎ	acrobatic fighting
6. 演员	（名）	yǎnyuán	actor, actress
7. 角儿	（名）	juér	famous actor or actress
8. 歌剧	（名）	gējù	opera
9. 表演	（动,名）	biǎoyǎn	act, perform; performance
10. 大花脸	（名）	dàhuāliǎn	martial type of character in Beijing opera with painted face
11. 小丑	（名）	xiǎochǒu	clown
12. 舞台	（名）	wǔtái	stage
13. 摇晃	（动）	yáohuàng	rock, sway, shake

14. 鞭子	（名）	biānzi	whip
15. 精彩	（形）	jīngcǎi	splendid, brilliant
16. 观众	（名）	guānzhòng	audience
17. 情景	（名）	qíngjǐng	situation, scene
18. 入门儿		rù ménr	learn the basic things about
19. 初	（形）	chū	the beginning of
20. 时期	（名）	shíqī	particular period
21. 一流	（形）	yīliú	first-rate, best
22. 宁可	（连）	nìngkě	would rather, prefer
23. 原因	（名）	yuányīn	reason, cause
24. 时代	（名）	shídài	times, era
25. 价值观	（名）	jiàzhíguān	values
26. 忠孝节义		zhōng xiào jié yì	loyalty, filial piety, chastity and righteousness
27. 因果报应		yīnguǒ bàoyìng	karma; rebribution

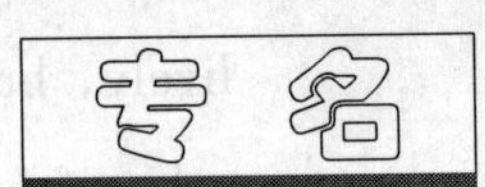

1. 霸王	Bàwáng	Hegemon King Xiangyu
2. 霸王别姬	Bàwáng bié Jī	Farewell My Concubine
3. 大闹天宫	Dà nào Tiāngōng	Monkey Makes a Havoc in Heaven
4. 钟馗嫁妹	Zhōngkuí jià mèi	Zhongkui Marries off His Sister
5. 四郎探母	Sìláng tàn mǔ	Fourth Son's Home Visit
6. 白蛇传	Báishé Zhuàn	White Snake Story
7. 梅兰芳	Méi Lánfāng	name of a famous actor
8. 杨小楼	Yáng Xiǎolóu	name of a famous actor
9. 虞姬	Yú Jī	Concubine Yu

2. 短文

科 班 学 戏

电影《霸王别姬》讲的是两位中国京剧演员的故事。影片从 1924 年演到 1977 年,涉及中国半个多世纪的历史以及许多传统观念。

科班是中国传统戏剧培养演员的学校。影片中演霸王的段老板和演虞姬的程老板,小时候都是京剧科班里的徒弟。科班里的孩子家里都很穷,孩子们希望以后能成角儿,但是,京剧里的唱、念、做、打学好了很不容易。师傅们又特别严厉,因为他们相信“严师出高徒”。学戏的时候,徒弟做错了要受罚;有时候做对了也要挨打,说是为了让你记住以后就这样做,所以科班学戏又叫“打戏”。科班学戏虽然很苦,师傅又特别严厉,但是徒弟和师傅都相信“台上一分钟,台下十年功”。要想在舞台上表演得好,就得在舞台下多吃苦。科班的孩子们“冬练三九,夏练三伏”,吃很多年苦才能成角儿。

在中国的传统观念里,师徒关系非常重要。师傅就像是一位严厉的父亲,他不但要教戏,更要教徒弟怎么做人。电影中师傅在给徒弟们讲《霸王别姬》这出戏时,特别强调虞姬的“从一而终”,教育徒弟们要始终热爱京剧艺术。科班出来的演员都非常尊敬师傅,始终服从师傅。影片《霸王别姬》中就有一个这样的例子:已经是名演员的段老板,因为结了婚,又不愿意给日本人演戏,所以在抗日战争开始后有很长时间不演戏。师傅知道后,怕他荒废了艺术,就让人把他和他的师弟程老板一起叫来。两位名演员虽然早就从科班毕业了,但一听师傅叫他们,马上就来见师傅,跪在师傅面前任师傅打骂。这就是中国传统的师徒关系。

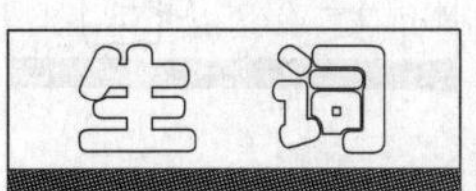

1. 科班	(名)	kēbān	old-style opera school
2. 影片	(名)	yǐngpiàn	movie

3. 涉及	（动）	shèjí	involve, touch upon
4. 许多	（形）	xǔduō	many
5. 戏剧	（名）	xìjù	traditional opera
6. 培养	（动）	péiyǎng	foster, train
7. 演	（动）	yǎn	play the role of, act
8. 老板	（名）	lǎobǎn	master, boss
9. 徒弟	（名）	túdi	disciple, apprentice
10. 成	（动）	chéng	become
11. 严厉	（形）	yánlì	strict, fierce
12. 严师出高徒		yánshī chū gāotú	a strict teacher brings forth good students
13. 受罚		shòu fá	be punished
14. 挨打		ái dǎ	be beaten
15. 功	（名）	gōng	practice, training, skill
16. 吃苦		chī kǔ	endure difficulties
17. 做人		zuò rén	be a decent person
18. 教育	（动，名）	jiàoyù	educate; education
19. 从一而终		cóng yī ér zhōng	be devoted to one to the end
20. 始终	（副）	shǐzhōng	all along, from beginning to end
21. 尊敬	（动）	zūnjìng	respect
22. 荒废	（动）	huāngfèi	neglect, abandon
23. 马上	（副）	mǎshàng	at once
24. 跪	（动）	guì	kneal
25. 任	（动）	rèn	let, allow

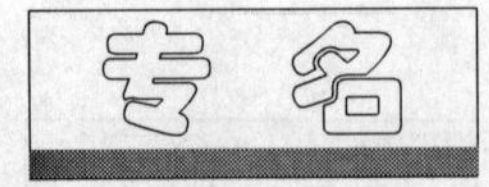

1. 段	Duàn	a surname
2. 程	Chéng	a surname
3. 抗日战争	Kàng Rì Zhànzhēng	War of Resistance Against Japanese Aggression

注释

1. 他们自己都能唱了

"都"在这里是已经的意思。句末常有"了"。又如：

(1)都十二点多了，你还不睡呀？

(2)我都学了两年了，可听力还不太好。

(3)饭都凉了，快吃吧！

2. 如果哪天有好演员来唱这出戏……

"哪"在这里是虚指用法，即表示不确定、不具体的某一个。"哪天"表示不确定的某一天。又如：

(1) 哪天有空儿我想请你喝酒。

(2) 等哪年放暑假咱们一起去旅行。

此外，"哪"还可以用于任指，即表示任何一个。常用在"哪……都/也……"或"哪……哪……"的格式中。例如：

(3) 哪天来都可以。

(4)这几件衣服哪一件也不合适。

(5)哪种便宜就买哪种。

3. 台上除了桌子和椅子，别的什么也没有

"什么"表示任指，即表示任何人或事物。一般用在"什么＋也/都"结构中。又如：

(1)我刚来的时候，什么都不会说。

(2)他家里什么东西都有。

(3)跟他什么话也别说。

4. 演霸王的段老板和演虞姬的程老板

老板，是过去对著名的戏曲演员的尊称。

5. 冬练三九，夏练三伏

三九，指二十四节气中冬至后第十九天至第二十七天，是一年中最冷的时候，也叫三九天。

三伏，是初伏、中伏、末伏的统称。初伏、末伏各十天，中伏十天或二十天。三伏天一般是一年中天气最热的时期。

功能

1. 表述实情（2） biǎoshù shíqíng

Indicate something is true (...indeed/honestly...)

看京剧**确实**跟我们看电影不一样。

长城	是世界上的一大奇迹
我	不知道是两点钟集合
______	______

10

〔说明〕“确实”也可以说成“的确”或“真的”。

2. 表示估计 biǎoshì gūjì

Estimation

京剧到现在**也就**二百多年的历史（吧）。

看样子，他	是四十岁左右
他刚刚走，	十多分钟
______	______

〔说明〕“A 也就（是）B”表示说话人对 A 的某一方面进行时间或数量上的估量。因此，“也就（是）”的后面要有表时间或数量的词语。“也就”也可以换成“大约”“大概”等。但“也就（是）B”有说话人认为时间不长或数量不大的意味，而“大约/大概 B”则没有这种意味。

3. 表示取舍 biǎoshì qǔshě

Preference, choice (...would rather...than...)

很多人**宁可**在家看电视，**也**不要去听京剧。

我	走着去	不坐公共汽车
他	不睡觉	要把文章写完
______	______	______

〔说明〕“宁可 A 也（不）B”表示比较利弊得失之后作出的选择和舍弃。其中

"宁可 A,也不 B"表示取 A 舍 B,"宁可 A,也 B"表示 A 和 B 都取,但取 A 是为了取 B。此外,"宁可"也可以说成"宁肯/宁愿"。

4. 表示关涉　biǎoshì guānshè

Indicate involvement

《霸王别姬》**涉及(到)**中国半个世纪的历史。

这个问题　　　的方面很广

我不想　　　别的人的问题

__________　　　__________

5. 目的和条件　mùdì hé tiáojiàn

Aim and condition (If one wants to... one must...)

要想舞台上表演得好,**就得**在台下多吃苦。

知道梨的滋味儿　　　亲口尝一尝

见到他　　　再来一次

__________　　　__________

〔说明〕"要想 A,就得 B"表示 A 是假设的目的,B 是实现目的 A 所应具备的条件。其中"要想"也可以说成"想要/想/要","就得"也可说成"就必须/就应该"。

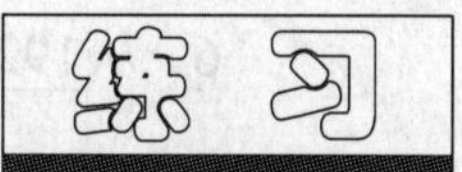

一、根据课文填空

1. 这____戏跟我以前看过的京剧不太一样。

2. 你以前____看过什么京剧?

3. 以前人们喜欢把钟馗的画像____在门上,这样恶鬼就不____进来了。

4. 戏里的故事,他们____就知道了。

5. 歌剧____就是唱,京剧除了唱还有别的。

6. 京剧的演员两手____推就是门,往前____跳,摇晃几____,就是上了船。

7. 看来你____京剧已经入门了。

8. 20世纪初是京剧的黄金____，这个时期____了很多一流的艺术家。

9. 京剧讲的都是些老故事，跟现代人的思想____得太远了。

10. 昨天的戏还是____我很感动，我想我能理____虞姬。

11. 影片从1924年____到1977年。

12. 影片中____霸王的是段老板，____虞姬的是程老板。

13. 科班里的师傅们都特别严____。

14. 徒弟做错了要受____，有时做对了也要____打。

15. 他们马上就来见师傅，跪在师傅面前____师傅打骂。

二、模仿填空

1. 说对了

__

__

2. 都学了三年多了

__ ______

__ ______

3. 什么都不知道

______

______

4. 做错了

__

__

5. 师徒关系

____

____

6. 从1924年演到1977年

______ __ ______

______ __ ______

三、解释下列语句的意思

1. 京剧讲究“唱、念、做、打”

2. 台上一分钟，台下十年功

3. 冬练三九，夏练三伏

4. 因果报应

四、从所给的词语中选择合适的填空

1. 谁　哪儿　什么　怎么

①他来北京后,____地方他都去过了。

②她跑了很多书店,____也没买到这本书。

③____都知道,中国的人口是世界最多的。

④你是____认识小王的?

2. 才　　就

①只有喜欢汉语,____能学好汉语。

②这我早____听说过了。

③我今天早上七点钟____起床了。

④我昨天晚上十二点半____睡觉。

⑤科班的孩子吃很多苦____能成角儿。

3. 了　过　的

①京剧跟我以前看____的歌剧很不一样。

②我在中学时就学____开车。

③他来的比我早,我是今年九月才来____。

④他都走____二十分钟了。

五、判断正误并改正不正确的句子

1. 我把朋友的照片贴了在墙上。

2. 他是去年毕业了。

3. 听了我的话,就他不高兴了。

4. 一直到晚上九点多钟,他就回到学校。

5. 最近,我们住的楼里出了一件事。

6. 任你怎么说,他就是不听。

7. 师傅不但要教戏,还要教徒弟什么做人。

8. 第二天晚上,这个人再来了。

9. 他要去香港,也我想去香港。

10. 我马上就给他打电话。

11. 我来中国后，家里只留上了妈妈一个人。

12. 我最近搬家了，搬上了校外去住。

六、英译汉

1. The dishes she made are tasty indeed.

2. Harbin is indeed a very unique city. It's worth seeing.

3. It takes only three minutes to walk from the dorm to the classroom.

4. He is only in his twenties, but he looks as if he is in his forties.

5. I'd rather walk there than riding a crowded bus.

6. I'd rather spend a bit more money and eat at a restaurant than eat at the dining hall.

7. One must leave early so as to avoid being late.

七、熟读对话和短文，然后回答

1. 京剧和歌剧有什么不同？
2. 为什么现在许多中国人不喜欢京剧？
3. 什么是科班学戏？
4. 你怎样理解和评价中国传统的师徒关系？

八、背诵短文《科班学戏》

第十一课

1. 对话

听相声我成了傻帽儿

茉　莉：吴老师，下一次的文化课我们去哪儿？

吴老师：我带你们去前门大街上的老舍茶馆，好不好？

茉　莉：那太好了！老舍，他是不是那位写《骆驼祥子》的作家？

吴老师：对，他是老北京，又是旗人，所以特别会写老北京的人和事儿。他写过一个有名的话剧，名字就叫《茶馆》。

11

大　为：我在美国就听说过老舍和他写的《茶馆》，所以我一到北京就打听哪儿有茶馆，可是我的朋友都说老舍写的那种茶馆早就没有了，我听了非常失望。

吴老师：这就是我上次说的时代不同了，人们的思想在变，社会和人们的生活方式也在变。清朝时候老北京有很多闲人，早上起来就去遛鸟儿，然后上茶馆，在那儿一坐就是大半天，跟老朋友聊聊天儿，听说书的讲一段《三国》或者《水浒》。渴了有茶喝，饿了还有各种小吃。花不了多少钱，就可以舒舒服服地过一天。可是现在的北京人，无论男女老少都特别忙。人人都说活得真累。

茉　莉：那么以前天天在茶馆喝茶聊天儿的那些人，他们都不工作吗？他们靠什么生活呢？

11

吴老师：这个问题问得好！以前天天上茶馆的有不少是旗人。清朝时候，旗人都是军人，政府每个月发给他们"钱粮"。但是拿了钱粮，他们就不可以再去做买卖或者干别的工作。时间长了，他们中间不少人就成了茶馆的常客。

大　为：美国的几个大城市，像旧金山、纽约和洛杉矶都有中国城。那儿的老华侨每到周末也喜欢在一起饮茶。

茉　莉：那是广东人，他们的饮茶其实是吃饭，所以吃比较重要，而老北京去茶馆主要是喝茶。

大　为：不过跟老朋友见面，一起聊天儿是一样的。

吴老师：喝茶的时候，也可以要一点儿小吃，除了花生、瓜子儿以外，还可以要紫米年糕、豌豆黄、驴打滚儿什么的。

大　为：我听人民大学的一位留学生说，老舍茶馆除了喝茶、吃东西以外，还有表演，是吗？

吴老师：看来你的消息还真灵通！老舍茶馆除了喝茶，吃点心，每天晚上都有节目，有时候还能请到一些有名的演员。

茉　莉：有什么节目？

吴老师：有民乐、京剧、相声、大鼓，还有气功和杂技表演。

大　为：京剧要是武打戏，我一般都能看懂。大鼓我听不懂也没有关系，意大利歌剧我不是也听不懂吗？可是相声呢，演员说到一个地方，大家都笑了，只有我一个人不懂，所以也不知道大家在笑什么，真成了傻帽儿！

茉　莉：大为，别担心。下一次要是有相声，大家都笑了，一定还有一个人和你一样，也不笑。到时候就会有人说，狄根森学院的学生个个都是傻帽儿。

生词

1. 相声	（名）	xiàngsheng	comic talk show
2. 傻帽儿	（名）	shǎmàor	(slang) fool
3. 旗人	（名）	Qírén	Manchus (banner men)
4. 话剧	（名）	huàjù	modern drama; stage play
5. 打听	（动）	dǎting	ask around about
6. 失望	（动）	shīwàng	disappointed
7. 方式	（名）	fāngshì	style
8. 闲人	（名）	xiánrén	men of leisure
9. 聊天儿		liáo tiānr	chat
10. 说书的		shuōshūde	professional story-teller
11. 段	（量）	duàn	section, paragraph
12. 军人	（名）	jūnrén	army men, soldiers
13. 政府	（名）	zhèngfǔ	government
14. 发给	（动）	fāgěi	distribute, give, issue
15. 钱粮	（名）	qiánliáng	money and grain paid to its soldiers by the Qing

16. 周末	（名）	zhōumò	weekend
17. 饮茶		yǐn chá	have Cantonese style lunch
18. 其实	（副）	qíshí	actually, in fact
19. 花生	（名）	huāshēng	peanuts
20. 瓜子儿	（名）	guāzǐr	melon/sunflower seeds
21. 消息	（名）	xiāoxi	news, information
消息灵通		xiāoxi língtōng	well-informed
22. 节目	（名）	jiémù	items on a program, shows
23. 民乐	（名）	mínyuè	traditional Chinese music
24. 大鼓	（名）	dàgǔ	versified story sung to drum and other instruments
25. 气功	（名）	qìgōng	deep breathing exercises
26. 杂技	（名）	zájì	acrobatics

1. 老舍	Lǎoshě	pen name of a Chinese writer
2.《骆驼祥子》	Luòtuo Xiángzi	*Rickshaw Puller*
3.《三国》	Sānguó	*Three Kingdoms*
4.《水浒》	Shuǐhǔ	*The Water Margin*
5. 旧金山	Jiùjīnshān	San Francisco
6. 洛杉矶	Luòshānjī	Los Angeles
7. 中国城	Zhōngguó Chéng	Chinatown
8. 广东	Guǎngdōng	Guangdong Province
9. 紫米年糕	Zǐmǐ Niángāo	purple rice cake
10. 豌豆黄儿	Wāndòuhuángr	pea flour cake
11. 驴打滚儿	Lǘdǎgǔnr	brown cake coated in brown sugar dust

2. 短文

胡同里出生的大作家老舍

1899年2月3日，老舍出生在北京小羊圈胡同一个姓舒的满族贫民家里。这条小胡同就是新街口附近的小杨家胡同。老舍自己说过，他出生以前家里生活还马马虎虎，可是他一出生就给家里带来了不幸。两岁的时候八国联军攻入北京，父亲死在保护皇城的战斗中。父亲死后家里的生活更困难了。全家人靠母亲给人洗衣服，干杂活来生活。但是，正是在这种苦难的生活中，母亲把正直、能吃苦、软中有硬的性格传给了她的儿子，并影响了老舍的一生。

老舍七岁的时候，靠一位好心人的帮助上了私塾。1913年他考上了一所免费学校。从此，他离开了与母亲和姐姐一起生活了14年的家，离开了小羊圈胡同。1924年，在一位英国朋友的帮助下，老舍来到了英国，在伦敦大学东方学院教中文，一直教到1929年。在英国他读了很多历史书和文学作品，并开始写小说。

从英国回国后，他一边在大学教书，一边写小说。抗日战争开始后，他离开了妻子和孩子，到武汉、重庆从事抗日救亡的文化和艺术工作。1946年他到美国讲学一年，一年以后他决定留在美国写小说。1949年12月老舍回到了故乡北京，全家住在西城区丰盛胡同里，就是现在的"老舍故居"。

从50年代到60年代，老舍写了很多不同风格、不同题材的作品，但其中写得最好的还是那些写老北京人生活的，如《骆驼祥子》、《茶馆》等。老舍一生到过许多国家和城市，但他最喜欢的还是北京。老舍是地道的老北京，讲的是地道的北京话，写的是地道的北京味儿的作品。然而，这样一位热爱北京、热爱生活的大作家，却在"文革"刚开始时就含冤死去，那年他67岁。老舍人生的终点，也就是他死的地方，在三十多年前叫太平湖。如今那湖早已不见了，变成了一个地铁车站的起点。

生词

1. 贫民	（名）	pínmín	poor people, pauper
2. 附近	（名）	fùjìn	around, near, nearby
3. 马马虎虎	（形）	mǎmahūhu	so-so, not so bad
4. 战斗	（名）	zhàndòu	fight, battle
5. 杂活儿	（名）	záhuór	odd jobs, chores
6. 苦难	（名）	kǔnàn	hardship; difficult
7. 正直	（形）	zhèngzhí	upright and honest
8. 软中有硬		ruǎn zhōng yǒu yìng	keep one's principles while making compromises
9. 传	（动）	chuán	pass on to someone
10. 一生	（名）	yìshēng	whole life
11. 私塾	（名）	sīshú	old-fashioned school
12. 免费		miǎn fèi	free of charge
13. 从此	（连）	cóngcǐ	from then/now on
14. 从事	（动）	cóngshì	understake, do

15. 题材	（名）	tícái	subject matter, topic
16. 作品	（名）	zuòpǐn	(art or literary) works
17. 抗日救亡		kàng Rì jiù wáng	resist the Japanese invasion to save China
18. 讲学		jiǎng xué	teach, give lectures
19. 年代	（名）	niándài	a decade of a century
20. 地道	（形）	dìdao	genuine, real
21. 味儿	（名）	wèir	flavor
22. 含冤		hán yuān	while being wronged
23. 终点	（名）	zhōngdiǎn	last stop, terminal
24. 如今	（名）	rújīn	today, nowadays
25. 起点	（名）	qǐdiǎn	starting point

1. 舒	Shū	a surname
2. 新街口	Xīnjiēkǒu	name of a place
3. 八国联军	Bā Guó Liánjūn	Allied Troops of Eight Powers
4. 皇城	Huángchéng	Imperial City (in Beijing)
5. 伦敦	Lúndūn	London
6. 武汉	Wǔhàn	a city in China
7. 重庆	Chóngqìng	a city in China
8. 丰盛胡同	Fēngshèng Hútòng	name of a street
9. 老舍故居	Lǎoshě Gùjū	Former Residence of Laoshe
10. 太平湖	Tàipíng Hú	Taiping Lake

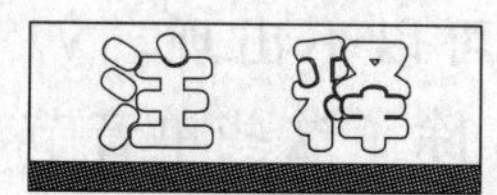

1. 听说书的讲一段《三国》或《水许》

三国，指长篇小说《三国演义》。作者罗贯中，元末明初人。作品描写了三国时期魏、蜀、吴三个统治集团相互间的斗争。

水浒，指长篇小说《水浒传》。作者施耐庵，元末明初人。作品取材于北宋末年宋江起义的故事。故事曲折生动，人物形象鲜明。

2. 花不了多少钱，就可以舒舒服服地过一天

"花不了多少钱"意思是不需要花很多的钱。

这种"V + 不了(liǎo) + 数量词语"格式表示数量不大、时间不长。其中，数量词语可以是表示不定量的。V 主要是"吃、喝、卖、讲、谈、看、学、走、跑、坐"等单音节动词。例如：

(1)过不了几天你就会想家的。

(2)这种鞋穿不了一两个月就坏了，别买了。

(3)那儿离这儿不远，用不了五分钟就到了。

3. 在一位英国朋友的帮助下，老舍来到了英国

"在 A 下"，表示条件。后面引出 A 条件带来的结果。A 往往是一个"定语(+的)+中心语"结构。又如：

(1)在中国朋友的帮助下，他找到了一位京剧老师。

(2)在这种情况下，他们才同意给我换房间。

1. 强调数量多/时间长 qiángdiào shùliàng duō / shíjiān cháng

Emphasize a long time or a large quantity

他们在茶馆一坐**就**是大半天。

父亲	走	三个多月
他	买	买二十斤
______	__	______

[说明]"一 V_1 就(V_2) + 时间/数量词语"格式中，V_1V_2 可以是同一个动词，也可以是不同的动词，有时 V_2 可以不出现。V_1 主要是"说、讲、谈、跑、学、看、听、念、住、写"等单音节动词，V_2 除了这些单音节动词外，用的较多的是"是"，还可以动结式或动趋式短语。

2. 表示结论不变(2)　biǎoshì jiélùn bú biàn

The fact remains unchanged (No matter...)

无论男女老少**都**特别忙。

春夏秋冬　有新鲜蔬菜

你去不去，告诉我一声

________　________

[说明]“无论”可以换成“不论”、“不管”。“无论”后面要有并列成分或疑问代词。(参见第八课功能 3)

3. 表述实情(3)　biǎoshù shíqíng

Indicate the truth (...actually...)

广东人的饮茶**其实**是吃饭。

好像是会了，　并没有会

说是五十岁，　都五十四了

________　________

4. 表示评价(2)　biǎoshì píngjià

Evaluation

S_1 你觉得他的汉语怎么样？　S_2 **马马虎虎** / **不怎么样** / **很地道**。

S 我这次考得 **马马虎虎** / **不怎么样** / **不太理想**。

[说明]“马马虎虎”相当于“一般”,“不怎么样”是不太好的意思。

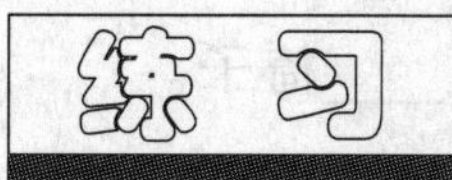

一、根据课文填空

1. 我一到北京____打听哪儿有茶馆。

2. 朋友们都说,老舍写的那种茶馆____就不见了,我听了非常____。

11

3. 人们的思想在变，社会和人的生活方＿＿＿也在变。

4. 在茶馆里，渴＿＿有茶喝，饿＿＿还有各种小吃。

5. 中国城里的老华侨每＿＿周末也喜欢在一起饮茶。

6. 北京的老舍茶馆有时还能请＿＿一些有名的演员来表＿＿＿。

7. 相声演员说＿＿一个地方，大家都笑了，＿＿有我一个人不笑，因为我听不懂。

8. 大为，别担＿＿＿，我们也听不懂。

9. 1899年，老舍＿＿＿生在北京小羊圈胡同一个＿＿舒的满族人家里。

10. 老舍说，他＿＿出生就给家里＿＿＿来了不幸。

11. 八国联军攻入北京，他父亲死＿＿保护皇城的战斗中。

12. 1913年老舍考上了一所＿＿＿费学校。

13. 1924年他开始教中文，一直＿＿到1929年。

14. 1949年老舍回＿＿＿了故乡北京。

15. "文革"刚开始他就含＿＿＿死去。老舍人生的终＿＿＿，如今已变成了一个地铁车站的起＿＿＿。

11

二、填量词

1. 这本书已经有一百多＿＿英文翻译了。

2. 庄周梦见自己变成了一＿＿蝴蝶。

3. 在庄子看来，人生就是一＿＿大梦。

4. 我看过的那＿＿戏叫《霸王别姬》。

5. 台上只有一＿＿桌子，两＿＿椅子。

6. 师傅就像一＿＿严厉的父亲。

7. 在茶馆里听说书的讲上一＿＿《三国》什么的。

8. 这＿＿小胡同就是新街口附近的小杨家胡同。

9. 1913年老舍考上了一＿＿免费学校。

10. 太平湖如今已变成了一____地铁车站的起点。

三、根据拼音填写汉字(组成词语)

1. zhǔ ____要

zhòng ____要

zhǐ ____要

2. 景 wù ____

景 sè ____

景 qū ____

3. xī ____望

shī ____望

yù ____望

4. huà ____剧

gē ____剧

xì ____剧

5. dào ____教

zōng ____教

fó ____教

6. 心 qíng ____

心 lǐ ____

心 jì ____

7. fāng ____便

shùn ____便

suí ____便

8. zhǔ ____人

zuò ____人

人 shēng ____

四、用所给的词语完成句子

1. ________________,他不会帮助我的。

(不怎么样)

2. 长城我已经去过了,________________。

(一……就……)

3. 他上海话讲得很好,其实________________。

4. ________________,我已经知道了。

(……也没关系)

5. 毕业后我想从事________________。

6. 我这次来,________________。

11

(给……带来……)

7. 我大学毕业就离开了那儿,______________________________。

(从此)

五、把词语组成句子

1. 你　不想　是　看来　他　了　见
2. 送给　把　他　这本书　了　我
3. 他　我　最　喜欢　你　而是　不是　的
4. 希望　我　带来　的　太多　麻烦　不会　这　你　给
5. 看我　一直　他　没来　感到　我　失望　很
6. 听说　就　这件事　过　我　在美国
7. 喝酒　昨晚　十二点多　我们　一直　喝到
8. 背诵　一种　很好的　外语　方法　其实　学习　的　是

11

六、熟读对话和短文,并回答下列问题

1. 说说清朝老北京人中"闲人"的生活。
2. 广东人的饮茶和北京人的喝茶有什么不同。
3. 说说老舍十四岁以前和十四岁以后的生活。
4. 老舍的作品中哪些作品写得最好,为什么?

七、朗读短文《胡同里出生的大作家老舍》,直到能流利地复述下来

第十二课

1. 对话

我们赞成一家只生一个孩子

（一）

吴老师：上次文化课去了老舍茶馆，今天请大家谈谈所见所想。

大　为：我没想到老舍茶馆有那么多的传统节目，而且个个都很精彩。我最喜欢的是气功和杂技表演。茉莉，你呢？

茉　莉：我爱听大鼓。我觉得那位老太太唱得又好，演得又精彩，简直太棒了！我以前怎么没听说过中国还有这么一种艺术？

吴老师：那位老太太可是个名角儿，那天她唱的是一段《三国》。

大　为：我真不明白，那么精彩的节目，为什么中国人不喜欢看呢？那天晚上的观众，至少有一半是老外。

吴老师：这你就老外了。其实，中国人并不是不想看，而是没钱看。你们想想，老舍茶馆的门票一张就是一百多块钱，这对大部分中国人来说真是买不起。就拿我来说吧，我一个月的基本工资不到四百，加上奖金才七八百块钱。要是我们全家四口人都去，光门票就得四五百块，所以像我们这样的家庭，宁可去吃烤鸭。对了，说起吃，我想起来了，我爱人老李说这个周末想请你们到我家来吃个便饭，怎么样？

大　为：当然好了，就是怕太麻烦您了。

吴老师：不麻烦。那咱们就说定了，星期六下午五点半到我家来。你们记得不记得我家的地址？要不要我来接你们？

茉　莉：不要，我们自己能找到。

（二）

吴老师：你们来了，欢迎！欢迎！请进！我给你们介绍一下儿。这是我妈，大家都叫她姥姥，你们也叫她姥姥吧。

大　为
茉　莉：姥姥您好！

姥　姥：你们好！来，快进来！外边儿冷，把大衣给我！

吴老师：这是我女儿，亭亭。亭亭，快叫叔叔、阿姨。

亭　亭：Welcome！Welcome to our home！

茉　莉：哎，亭亭的英语不错啊！你今年几岁了？

亭　亭：九岁了。我们今年才开始学英文。我还从来没跟外国人说过话呢！

大　为：吴老师，您就亭亭一个小孩儿吗？

吴老师：是啊。现在像我们这样的家庭都只有一个孩子。中国的人口实在太多了，得想办法减少，所以我和我爱人都赞成“一家只生一个孩子”的政策，只有姥姥不太愿意。

茉　莉：姥姥，您为什么不愿意？

姥　姥：一是为了我女婿，老李。他是独生子，应该有个儿子。一是为了亭亭。你们看，你们吴老师上边有一个哥哥，两个姐姐，下边还有一个弟弟。过年过节，亲戚们来来往往，多热闹啊！要是万一谁有了困难，兄弟姐妹们也可以互相帮助。可等亭亭长大了，就她一个人，多孤单啊！

亭　亭：姥姥，您别为我担心。我才不要弟弟妹妹呢，我就喜欢当独生女。爸爸、妈妈、姥姥、姥爷，爷爷、奶奶都宠着我一个人。好吃的，好玩的都是我自己的。我不管长大孤单不孤单！

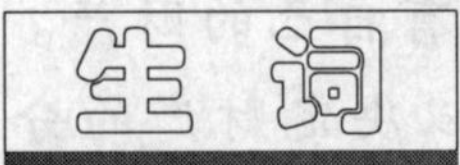

1. 赞成	（动）	zànchéng	approve of, endorse, agree with
2. 至少	（副）	zhìshǎo	at least
3. 大部分		dà bùfen	most, for the most part
4. 基本	（形）	jīběn	basic, fundamental
5. 工资	（名）	gōngzī	wages
6. 奖金	（名）	jiǎngjīn	money award, bonus
7. 烤鸭	（名）	kǎoyā	roast duck, Beijing duck
8. 便饭	（名）	biànfàn	simple meal
9. 麻烦	（形）	máfan	trouble, bother
10. 说定		shuō dìng	talk and reach a decision
11. 实在	（副）	shízài	indeed, really
12. 减少	（动）	jiǎnshǎo	reduce, decrease
13. 政策	（名）	zhèngcè	policy
14. 女婿	（名）	nǚxu	son-in-law
15. 独生女	（名）	dúshēngnǚ	only daughter
16. 来往	（动）	láiwǎng	visit, contact; dealings
17. 万一	（副）	wànyī	in case
18. 宠	（动）	chǒng	favor, dote on
19. 孤单	（形）	gūdān	lonely, alone
20. 管	（动）	guǎn	mind, bother about

2. 短文

传统的大家庭和家族

中国传统的家庭指的是三世同堂或者四世同堂的大家庭。这种家庭以男性为中心：祖父、父亲、儿子、孙子，再加上叔叔伯伯和他们的儿孙，一个大家庭的人口可能是几十人，也可能有上百人。他们生活在一起，所有的财产都是大家庭的，个人和小家庭一般不能有自己的财产。大家庭的家长往往是年纪最大的祖父或者曾祖父。他不但可以决定财产的分配和使用，家里其他大事小事，比如儿孙们上什么学，做什么工作，和谁结婚也都由家长来决定。

大家庭用儒家思想来教育它的子弟，特别强调晚辈对长辈的孝顺，女人对男人的服从，下人对主人的忠诚。按照以前的规矩，父母死了，儿子们要从他们做官、经商的地方回来"守孝三年"。就是说，有三年的时间，他们要住在父母的坟墓旁边，陪伴死去的亲人。作为孝子，在这期间，他们不可以吃大鱼大肉，不可以穿漂亮的衣服，不可以住舒服的房子，更不可以结婚。

在这样的大家庭中生活，人与人之间的关系非常复杂。个人，特别是年轻人的生活很不自由。不过大家庭也使它的成员生活上有了保障，人们不用担心生病和失业。

中国历史上还有许多几百人、上千人的大家族。这种大家族往往就是一个同姓的村子。家庭中最有权力的是族长。同一个家庭的人有着共同的祖先，并用家谱记下家族中每一辈人的名字和重要的家庭成员的事迹。也就是说如果一个人做了官，出了名，或者发了大财，他的事迹就会被写在家谱上。不但光宗耀祖，也使全家族的人觉得很有面子。

这种传统的大家庭和大家族，在中国存在了上千年。到20世纪三四十年代，以血缘关系为基础的大家族在中国还到处都有。最近几十年，因为社会的变化，家长的权力已经不那么大了，传统的大家庭也已经没有了。当今中国的家庭越来越小，然而，千百年来形成的家庭和家族观念到今天对中国人还有着很深的影响，人们还是很讲究家族血缘的亲情关系。兄弟姐妹之间，家族成员之间，谁有了困难，大家还常常互相帮助。

生　词

1. 家族	（名）	jiāzú	clan，family
2. 三世同堂		sān shì tóng táng	three generations live under the same roof
3.（男）性		（nán）xìng	（male） sex
4. 伯伯	（名）	bóbo	father's elder brother
5. 财产	（名）	cáichǎn	property
6. 分配	（动）	fēnpèi	distribute；distribution
7. 个人	（名）	gèrén	individual（person）
8. 家长	（名）	jiāzhǎng	head of family
9. 由	（介）	yóu	by，through
10. 儒家	（名）	Rújiā	Confucianism
11. 辈	（名）	bèi	generation
长（晚）辈		zhǎng（wǎn）bèi	older/younger generation
12. 孝顺	（动）	xiàoshùn	filial；filial piety
13. 忠诚	（动）	zhōngchéng	loyal；loyalty
14. 按照	（介）	ànzhào	according to
15. 守孝		shǒu xiào	keep a dead parent company
16. 规矩	（形，名）	guīju	rule，convention，custom
17. 陪伴	（动）	péibàn	accompany
18. 复杂	（形）	fùzá	complicated
19. 成员	（名）	chéngyuán	member
20. 保障	（动，名）	bǎozhàng	guarantee，safeguard
21. 失业	（名）	shī yè	unemployment
22. 家谱	（名）	jiāpǔ	genealogy
23. 事迹	（名）	shìjì	deed，achievement
24. 光宗耀祖		guāng zōng yào zǔ	bring honor to ancestors
25. 面子	（名）	miànzi	face，reputation，prestige

12

26. 血缘　（名）　xuèyuán　blood-tie

27. 基础　（名）　jīchǔ　foundation

28. 亲情　（名）　qīnqíng　warm feeling among family members

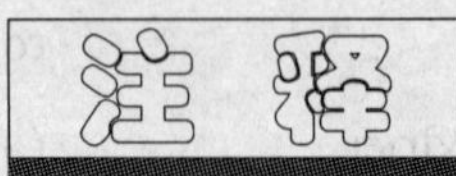

1. 请大家谈谈所见所想

“所”用在及物动词前,其作用是使“所 + 及物动词”成为名词性短语。这里“所见所想”就是见到的(事物)和想到的(事情)。又如:

(1)你所说的都是过去的事儿。

(2)他所认识的人都是些年轻人。

(3)据我所知,她不会去的。

“所”在许多情况下是可以省略不用的,如(1)(2)例中的“所”可以不用,而意思不变;但在某些固定格式(如‘所 A 所 B’‘为 A 所 B’)及固定用法中一般不能省略,如例(3)等。

12

2. ……中国还有这么一种艺术

“这么 + 数量 + 名词”中的“这么”同于“这样”,指示性质或状况。又如:

(1)有这么(/这样)一种人,他们只说不做。

(2)今天要讲的是这么(/这样)两件事。

3. 至少有一半是老外。这你就老外了

前一句中的“老外”是中国人对外国人的一种戏称,没有贬义。后一句的“老外”是外行、不了解情况的意思。

4. 对大部分中国人来说真是买不起

“买不起”是“买得起”的否定形式。“V 不起”表示没有条件 V,或说客观条件不允许 V。“V 得起”则表示有条件 V,或客观条件允许 V。V 限于“买、租、吃、喝、坐、赔”等少数动词,V 也可以带宾语。例如:

(1)老坐出租车可坐不起。

(2)要是弄坏了咱都赔不起。

(3)我租得起房子,可买不起房子。

5. 当然好了,就是怕太麻烦您了

"就"在此表示只限定在某一范围,排除其他情况。相当于"只"。又如:

(1)吴老师,您就亭亭一个小孩子吗?

(2)我英语书就这几本,别的都是中文书。

(3)就他去了,我们都没去。

6. 我才不要弟弟呢

"才"在此用来强调肯定的语气。又如:

(1)你才笨呢,我就要这个了。

(2)我才不去呢,你想去你自己去。

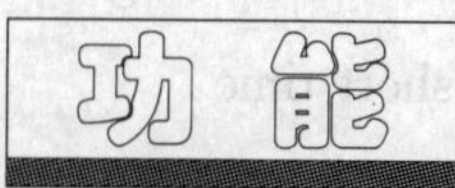

12

功能

1. 表示意料之外　biǎoshì yìliào zhī wài

Express unexpectedness

没想到老舍茶馆有那么多传统节目。

　　　你就是我们要找的王江先生

　　　他会不来

　　　________________

2. 表示最低限度　biǎoshì zuì dī xiàndù

At least

那天晚上的观众,**至少**有一半是老外。

从学校到公园　　　　得一个多小时

不告诉别人,　　　　你应该告诉我一声

________________　　________________

3. 表示从某一角度来看　biǎoshì cóng mǒu yì jiǎodù lái kàn

From a certain angle

对大部分人**来说**，一百多块一张票真买不起。

你们　　　最难的是写汉字

我　　　　这件事很重要

______　____________

4. 举例(3)　jǔ lì

Give examples

拿我们**来说(吧)**，每个月的工资才七百多。

小王　　　结婚两年了还没房子呢

我　　　　好几年没去电影院了

______　____________

5. 强调数量少/时间短　qiángdiào shùliàng shǎo/shíjiān duǎn

Emphasize a small amount or a short time

工资加上奖金**才**七八百块，真不多。

他今年　　五十几岁

我　　　　学了三年

______　____________

[说明]这种用法的“才”后面要有表时间和数量的词语。另外，所谓“数量少/时间短”是一个因人而异的主观量。比如“我才学了三年”，在说话人看来时间不长，可在别人看来就可能认为时间不短了。

6. 引出新话题(2)　yǐn chū xīn huàtí

Turn to a new topic (Speaking of...)

说起吃烤鸭，我爱人还想请你们吃饭呢。

这件事　我想小李最清楚了

唱歌　　茉莉的歌儿唱得特别好听

______　____________

[说明](1)“说起A，B……”中，A是当前正谈论着的话题，说话人由此引出新话题B。(2)“说起”也可以换成“说到/要说”，或说成“说起……来”。

7. 引出依据　yǐn chū yījù

According to

按照以前的规矩，父母死了儿子要守孝。

学校的规定　15号以前应把钱交上

你的说法　我可以写封信问问

____

［说明］“按照”也可以说成“依照”“依据”“根据”。

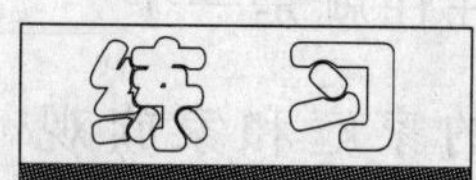

一、根据课文填空

1. 老舍茶馆的______个个都很精彩。

2. 我最喜欢的是气功和杂技表______。

3. 他们并____是不想看，而____没钱看。

4. 门票太贵简直____不起。

5. 基______工资加______奖金才七八百块。

6. 要是四口人都去，____门票就得四五百块。

7. 到您家吃饭当然好，就怕太______您了。

8. 那咱们就说____了，星期六下午五点半到我家来。

9. 你们____不______得我家的地址？要不要来____你们？

10. 快进屋里来，把大衣____我！

11. 吴老师，您____一个女儿吗？

12. 我们都能理解“一家____生一个孩子”的政______。

13. 要是万______谁有了困难，大家也可以____帮助。

14. 等亭亭长大了，____她一个人，____孤单啊！

15. 中国传统的家庭____的是三世同堂或四____同堂的大家庭。

16. 大家庭的人口可能有几十人,也可能____百人。

17. 大家庭中的家长决定财产的分____和使____。

18. 儿孙们做什么工作,和谁结婚也是____家长____决定。

19. 大家庭____儒家思想____教育它的子弟。

20. 儿子要在父母的坟墓旁边住上三年,____伴死去的亲人,这叫守孝。

21. 大家庭中人____人之间的关系很复____,个人的生活很不自____,不过在生活上有保____,不用担心生病和失____。

22. 一个上千人的大家族,往往就是一个____姓的村子。

23. 然而,千百年____形成的家庭和家族观____至今还影响着中国人的生活。

二、写出反义词

1. 阴——	7. 终点——
2. 藏——	8. 赞成——
3. 软——	9. 减少——
4. 接——	10. 长辈——
5. 闲——	11. 有形——
6. 恶——	12. 好处——

三、选择惟一恰当的词语填空

1. 我以前怎么没听说____你去过香港。

A 了　B 过　C 的　D 呢

2. 真没想到那儿的人____热情。

A 怎么　B 那些　C 那么　D 这样

3. 我学汉语的时间不长,加上暑假____十个月。

A 才　B 只　C 光　D 已

12

4. 我从来____跟他说过话。

A 不　B 没　C 都　D 就

5. 我只是____想跟他说，不是不知道。

A 没　B 不　C 就　D 都

6. 旅行车里____他一个人是外国人。

A 才　B 只　C 光　D 就

7. 我____不管他高兴不高兴呢！

A 才　B 也　C 就　D 都

8. 中国的人口实在太多了，得____办法减少。

A 找　B 想　C 有　D 用

9. 李老师认为每篇课文，____得朗读五遍以上。

A 应该　B 至少　C 可以　D 需要

12

四、用指定的词语英译汉

1. I only have one elder sister. I have no brothers.（就）

2. He only studied for one year, but he speaks really well.（才）

3. How come you only eat the vegetables without drinking wine?（光）

4. In America, we only had Chinese lessons for five hours each week.（只）

5. I think Mr. Zhang is at least forty years old.（至少）

6. I had no idea that she is your girlfriend.（实在）

7. In my opinion, Chinese don't seem to know to line up.(在……看来)

五、从所给的15个带"上"字的句子中,分别找出跟ABCDE用法相符的句子。

"上"表示:

A [方位词]刚过去的时间、前面的

B [方位词]某范围、方面,有"里"的意思

C [动词]从一个地方到另一个地方

D [动词]达到、够(某数量)

E [动词]在规定的时间工作或学习等

① 一个大家庭可能有几十人,也可能有上百人。

② 他总是上饭馆吃饭,不喜欢在食堂吃饭。

③ 家长的权力最大,连儿孙们上什么学他都管。

④ 大家庭虽然有些不自由,但生活上有保障。

⑤ 谁做了大官发了大财,他就会被写在家谱上。

⑥ 传统的大家庭在中国存在了上千年。

⑦ 世界上有五分之一的人会说汉语。

⑧ 昨天下午我们俩上书店买书去了。

⑨ 看比赛的人很多,大概有上万人。

⑩ 老师,你爱人在哪儿上班?

⑪ 上次文化课我们去了老舍茶馆。

⑫ 你们一个星期上几次口语课?

⑬ 我们上星期五去了西安。

⑭ 你上哪儿去了? 我找你一个晚上。

⑮ 上半年我在上海学汉语,九月份才来北京。

A ______ B ______ C ______ D ______ E ______

12

六、读对话和短文各三到五遍，并回答

1. 你对中国“一家只生一个孩子”的政策有何看法？

2. 从人口、财产、权力等方面说明中国传统的大家庭。

3. 什么是“守孝三年”，你对此有何评论？

4. 举例说明什么是光宗耀祖。

七、从下面两个角度中任选一个，写一篇 500 ~ 800 字的短文

1. 从中外历史和文化比较的角度，谈谈你对中国大家庭的看法。

2. 试论述家庭中，是兄弟姐妹多好，还是独生子女好。

12

第十三课

1. 对话

我这个女儿有福气

吴老师：你们听听！典型的小皇帝。城市里现在每个孩子差不多都是这样，那么多人宠着她，又没有兄弟姐妹，这将来很可能成为一个严重的社会问题。

大　为：老师，您爱人今天不在家吗？

吴老师：在家。这会儿他正在厨房忙着炒菜呢，马上就来。你看我们这个单元，虽说是两室一厅，可是厨房和厅都非常小。来了客人，只能在这间大一点儿的房间里吃饭。那间小房间是姥姥和亭亭的卧室。

茉　莉：您这儿书可真多！吴老师，您爱人做什么工作？

吴老师：他也是人民大学的老师，他教政治。我们俩也没什么别的爱好，就是喜欢买书、看书。

大　为：我常常听到我的中国朋友抱怨，说最近这几年书的价钱涨得很厉害。

吴老师：可不是吗。你看这本书，1983年出版，才两块三。你再看这本，1993年出版，二十五块。说实话，现在教书的简直都买不起书了。

李老师：菜来了，你们趁热吃啊！

吴老师：这是我爱人，老李。他们俩就是茉莉和大为。

茉　莉：李老师，您今天太辛苦了。

李老师：没什么，都是些家常菜。来，你们先尝尝我做的宫爆鸡丁。这是虾油豆腐，小心这个菜有点儿辣。这是水煮牛肉，是四川风味。

茉　莉：水煮牛肉好吃极了！我现在也开始喜欢吃辣的了。

吴老师：那你多吃一点儿。亭亭，你把水煮牛肉拿过来。

茉　莉：不用，不用，我够得着。

大　为：来中国以前，我不敢吃松花蛋，现在我不但敢吃，而且觉得味道相当不错。

吴老师：你们慢慢吃着，我那儿还有两个菜，马上就来。

茉　莉：今天让李老师这么忙，做了这么多菜，真不好意思。

吴老师：中国菜就是这样，讲究现做现吃。要是放得时间长了，就不好吃了。

13

大　为：吴老师，您家平时谁做饭？

吴老师：一般都是老李做，他是南方人，菜做得好。我不会做菜，只会煮方便面。

姥　姥：我这个女儿有福气，找了个好丈夫。又能干，又和气。结婚以后，家务活儿有一大半都是老李干的。

吴老师：时代不同了，男女平等。不像您年轻的时候，讲究三从四德。

姥　姥：是啊，不过老李实在太辛苦了。教书，科研，干家务，晚上还要给亭亭辅导功课，每天都忙到夜里一两点才睡觉。加上咱们家经济上也不富裕，这样下去真让人担心老李的身体。

生词

1. 将来	（名）	jiānglái	in the future
2. 炒菜		chǎo cài	make a dish by stir-frying
3. 单元	（名）	dānyuán	apartment
4. 政治	（名）	zhèngzhì	politics; political
5. 爱好	（动，名）	àihào	be fond of; hobby
6. 抱怨	（动）	bàoyuàn	complain
7. 价钱	（名）	jiàqian	price
8. 出版	（动，名）	chūbǎn	publish; publication
9. 说实话		shuō shíhuà	to tell the truth
10. 趁(热)	（介）	chèn(rè)	while (hot), take advantage of
11. 家常菜	（名）	jiāchángcài	ordinary dish
12. 辣	（形）	là	spicy
13. 风味	（名）	fēngwèi	flavor
14. 够得着		gòudezháo	can reach (something)
15. 相当	（副）	xiāngdāng	quite, rather
16. 现做现吃		xiàn zuò xiàn chī	eat while someone cooks

17. 平时	(名)	píngshí	normally, at ordinary times
18. 煮	(动)	zhǔ	boil
19. 方便面	(名)	fāngbiànmiàn	instant noodles
20.(有)福气		(yǒu)fúqi	fortunate, lucky
21. 丈夫	(名)	zhàngfu	husband
22. 能干	(形)	nénggàn	capable, competent
23. 家务	(名)	jiāwù	household chores
24. 平等	(名)	píngděng	equal, equality
25. 三从四德		sān cóng sì dé	Three Obediences and Four Virtues
26. 科研	(名)	kēyán	research
27. 辅导	(动)	fǔdǎo	tutor
28. 经济上		jīngjì shàng	financially

1. 虾油豆腐	Xiāyóu Dòufu	shrimp oil tofu
2. 水煮牛肉	Shuǐ zhǔ Niúròu	boiled beef in Sichuan style
3. 松花蛋	Sōnghuādàn	thousand-year-old egg

2. 短文

从嫁鸡随鸡到半边天

几千年来,中国社会以男性为中心。因为男尊女卑的传统观念,女人在家庭里和社会上都没有地位。传统社会对女人的要求和限制特别多,三从四德就是其中的一个。这种道德观念要求妇女结婚以前服从父亲,结婚以后服从丈夫，丈夫死了服从儿子。

传统道德还要求女人从一而终。就是说女人一生只能跟一个人结婚。丈夫死了，如果妻子不再结婚就会受到整个社会的尊敬和赞扬；如果再结婚就是失去了贞节，就会受到所有人的歧视。旧道德家特别强调“饿死事极小，失节事极大”。要求女人要“嫁鸡随鸡，嫁狗随狗”。男人可以休妻，也可以同时有好几个妻子，女人却不可以跟他们的丈夫离婚。千百年来，中国妇女受到各种歧视。她们从小就没有受教育的机会，长大也不能在社会上找工作。她们政治上没有权利，经济上不能独立，只好忍受家庭的压迫。

20 世纪初，中国受到西方思想的影响，社会开始有了变化，男女平等、妇女解放的呼声越来越高。特别是 1949 年以后，中国妇女的政治和社会地位都有了很大的提高。法律上废除了包办婚姻，规定女人跟男人一样有受教育的权利。政府还鼓励妇女参加工作。今天，城市中的妇女，不论结婚没结婚，差不多都有正式工作，收入也跟男人差不多，而且女人也可以提出离婚了。

因此有人说，中国是当今世界上男女平等程度比较高的国家。中国人自己说，妇女顶起了半边天。但是重男轻女的传统观念仍然影响着中国人。从城市到农村都还存在着歧视妇女的现象。比如在一些家庭里，生了女孩子就没有生了男孩子那么高兴，在城市女人找工作要比男人难得多。

生词

1. 嫁鸡随鸡		jià jī suí jī	follow the man you marry, be he fool or cur
2. 男尊女卑		nán zūn nǚ bēi	men are superior, women are inferior
3. 地位	（名）	dìwèi	position, status
4. 限制	（动）	xiànzhì	limit, restrict
5. 赞扬	（动）	zànyáng	praise
6. 失去	（动）	shīqù	lose
7. 贞节	（名）	zhēnjié	chastity
8. 休妻		xiū qī	cast off one's wife and send her back
9. 离婚		lí hūn	divorce
10. 歧视	（动）	qíshì	discriminate; discrimination

11. 权利	（名）	quánlì	right
12. 独立	（动）	dúlì	independent；independence
13. 只好	（副）	zhǐhǎo	have to，be forced to
14. 忍受	（动）	rěnshòu	endure，put up with
15. 压迫	（动）	yāpò	oppress；oppression
16. 妇女	（名）	fùnǚ	women
17. 呼声	（名）	hūshēng	voice，cry
18. 法律	（名）	fǎlǜ	law
19. 废除	（动）	fèichú	abolish，abrogate
20. 包办（婚姻）		bāobàn（hūnyīn）	arranged（marriage）
21. 鼓励	（动）	gǔlì	encourage；encouragement
22. 正式	（形）	zhèngshì	formal，regular，official
23. 收入	（名）	shōurù	income
24. 顶起	（动）	dǐng qǐ	hold up
25. 重男轻女		zhòng nán qīng nǚ	value male and despise female
26. 仍然	（副）	réngrán	still
27. 现象	（名）	xiànxiàng	phenomenon

13

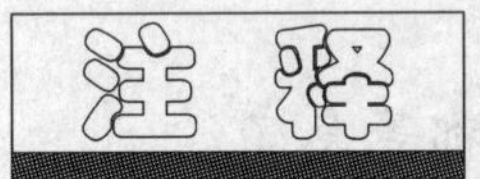

1. 这会儿他正在厨房忙着炒菜呢

“这会儿”，读 zhèhuìr/zhèihuìr。相当于“目前”、“这时候”。用于口语。又如：

(1)昨天这会儿我正在火车上呢。

(2)你这会儿要去哪儿？

与“这会儿”相关，“那会儿(nà huìr/nèihuir)”相当于“那(个)时候”；“多会儿(duō·huir)”相当于“什么时候”。均用于口语。

2. 可不是吗

用于口语。表示同意对方的说法，意思是“(你)说得对”。也可以说成“可不是”“可不(吗)”。“吗”也写成“嘛”。例如：

$\begin{cases} S_1 \text{我们应该上楼叫他一声。} \\ S_2 \text{可不是吗，也许他记错了时间。} \end{cases}$

$\begin{cases} S_1 \text{这几天的天气可真好！} \\ S_2 \text{可不嘛。} \end{cases}$

3. 你们慢慢儿吃着

着(·zhe)，助词，用于要求、命令或提醒对方做某事。常出现在"动/形＋着＋点儿"格式中。例如：

(1)这个给你，拿着！

(2)慢着点儿！放这儿！

4. 不像您年轻的时候，讲究三从四德

三从四德，旧礼教束缚妇女的道德标准之一。三从是"未嫁从父，既嫁从夫，夫死从子"。四德是"妇德、妇言、妇容、妇功"(妇女的品德、言辞、仪态、女工)。

5.(男人)也可以有好几个妻子

"好"在此为副词，用在"好＋几/些/多/久/长＋量词/名词"格式中，强调数量多或时间长。又如：

(1)好几天没见到你了，你去哪儿了？

(2)有好些人问过我这个问题。

(3)好多事情我都不知道。

(4)过了好久他才来，我们都等急了。

13

功能

1. 没有别的选择(1)　méiyǒu biéde xuǎnzé

No other option (...could only...)

来了客人，只能在这间屋子里吃饭。

女人一生　　跟一个男人结婚

看来，我们　　坐汽车去了

__________　_______________

2. 表述实情(4) biǎoshù shíqíng

Reveal the truth (Truth is...)

说实话,现在教书的简直买不起书。

我真不想帮他这个忙

我并不想去,可没办法

____

〔说明〕"说实话"也可以说成"说句实话"或"说(句)心里话"、"说(句)老实话"。

3. 没有别的选择(2) méiyǒu biéde xuǎnzé

Forced by circumstances to do something (...had to...)

经济上不独立,**只好**忍受家庭的压迫。

他不懂英语,我 用汉语跟他讲

他病了,我们 在昆明住下来

________ ________

〔说明〕"只好"有时可换成"不得不"。

4. 强调突出的事物 qiángdiào tūchū de shìwù

Emphasize something special (...especially...)

妇女地位不断提高,**特别是**1949年以后。

汉语的声调很难 第三声

我们大家, 小王,高兴极了

________ ________

〔说明〕"特别是"也可以说成"尤其是"。

5. 表示鼓励 biǎoshì gǔlì

Encouragement

政府还**鼓励**妇女参加社会工作。

李教授 我研究中国的京剧

他总是 我们多参加活动

________ ________

13

练习

一、根据课文填空

1. 这会儿他正在炒菜吧，马上____来。
2. 我们这个单元，____说是两室一厅，可厨房和厅都非常小。
3. 吴老师，您爱人____什么工作？
4. 我听中国朋友抱____，说书价____得太厉害。
5. 菜来了，你们____热吃啊！
6. 不用把水煮牛肉拿过来，我____得着。
7. 吴老师，您家平____谁做饭？
8. 老李很忙，白天有工作，又要干家____活儿，晚上还要给孩子辅____功课，每天都忙____夜里一两钟____睡觉。
9. 历史上中国妇女在家里和社会上都没有____位。
10. 传统社会对女人的要求和____制特别多。
11. 丈夫死了，如果妻子不____结婚就会受到全社会的尊敬和赞扬，女人再婚就会受到所有人的歧____。
12. 历史上女人从小就没有____教育的机会。
13. 女人政治上没有____利，经济上不能____立。
14. 20世纪初以后，男女平等的____声越来越高。
15. 1949年以后，在法律上废____了包办婚姻。
16. 如今城市妇女差不多都有正____工作。

二、用指定的词语回答问题

1. 你学汉语多长时间了？（才）
2. 来中国以前你学过汉语吗？（就）
3. 你经常来这家饭馆吃饭吗？（只）
4. 你怎么不坐飞机去？（只好）

5. 你上课为什么从来不提问？ （说实话）

6. 听说你的同屋晚上睡得很晚？ （学到）

7. 你对哪些事情不满意？ （特别是）

三、选择惟一恰当的词语填空

1. 这些书都是我爱人买____。

A 的　　B 了　　C 来　　D 到

2. 你老是这样忙，可真____人担心你的身体。

A 别　　B 被　　C 把　　D 叫

3. 让他讲____，讲完以后再问问题。

A 起来　　B 下来　　C 下去　　D 过去

4. 今年的水果特别贵，真叫人吃不____。

A 上　　B 起　　C 到　　D 下

5. 以前男人可以休妻，女人____不可以提出离婚。

A 却　　B 但　　C 都　　D 也

6. 但是，重男轻女的观念____影响着中国人。

A 就是　　B 一定　　C 既然　　D 仍然

四、用指定的词语改写句子

1. 朋友是应该互相帮助的。 （作为）

2. 您是老师当然可以批评他。 （作为）

3. 他要是不同意我就不去了。 （只好）

4. 她汉语说得很不错。 （地道）

5. 现在他正在家里，你快去吧。 （趁）

6. 我已经很久没听到他的消息了。（好）

7. 去不去你自己决定吧。 （由）

8. 明天他来上班我给你问问。 （等）

13

五、下列句子是否正确，不正确的请改正

1. 中国的人口太多了，得用办法减少。
2. 我喜欢当独生女，我就不管长大孤单不孤单呢！
3. 大家庭由儒家思想来教育它的子弟。
4. 这些事情由办公室来负责。
5. 我一到中国才给爸爸妈妈打了电话。
6. 明天无论刮风，我也要去长城。
7. 好像是听懂了，他没有其实听懂。
8. 我买了辆自行车，不有几天就丢了。
9. 那时男人可以提出离婚，却女人不可以提出离婚。

六、解释下列语句（词语）的意思，并加以评论

1. 从一而终
2. 饿死事极小，失节事极大
3. 嫁鸡随鸡，嫁狗随狗
4. 妇女能顶半边天
5. 三从四德

七、请事先准备好发言提纲（tígāng），讨论下列问题

1. 你认为丈夫和妻子应该怎样分担（fēndān）家务活儿。
2. 你认为独生子女可能会带来哪些社会问题。
3. 举例说明当今世界是不是做到了男女平等。
4. 你认为“男女平等”的提法是否合理，为什么？

八、写一篇700 ~ 800字的文章，谈谈你理想中的“丈夫”或“妻子”

第十四课

1. 对话

为什么都问我爸爸挣多少钱

茉　莉：哎！大为，你去哪儿？

大　为：我去全聚德，我的朋友桑林今晚请我吃烤鸭。

茉　莉：桑林？哪个桑林？是不是那个历史系的研究生，大高个儿？

大　为：没错儿，就是他。早上咱们常看到他在操场上打太极拳。

茉　莉：你们俩是怎么交上朋友的？

大　为：开始我找他聊天，主要是想练习我的中文。可是时间一长，我发现桑林对人很真诚，也很直率，他又是学历史的，所以他对中国的历史和现状都非常了解。跟他侃山，我总是能学到很多书本上学不到的东西。

茉　莉：真羡慕你交上这么个好朋友。以后你也介绍我们认识一下儿，好吗？

大　为：没问题。桑林的家在山东农村，今年寒假他回去探望父母，我也想跟他一起去。看看农村，爬爬泰山，再去朝拜一下儿孔圣人。你要是有兴趣，咱们一起儿去，你看怎么样？

茉　莉：那太好了！大为，你真够朋友！那咱们就说定了。看，车来了，你快上吧。再见！

桑　林：喂！大为，这边儿！

大　为：哎呀！我是不是来晚了？我今天可没戴表。

14

桑　林：不晚，今天我是主人，你是客人。我应该比你早到一会儿。

大　为：我听说按照中国人请客的规矩，客人也应该比约好的时间稍早一点儿到，是吗？

桑　林：对，准时到也可以。晚到不太好。

大　为：那跟美国很不一样，在美国客人总是到得稍晚一点儿。主人准备的饭菜也比较简单。

桑　林：西方人吃饭讲究气氛，中国人讲实惠。要是主人好客，饭菜丰盛，几杯白酒喝下去，就会酒后吐真言。有时候你对一个朋友有点儿意见，也可以借这个机会让他知道。

大　为：我到了中国，发现大家都特别爱问我一个问题，就是我爸爸一个月挣多少钱。连刚认识不久的人，出租汽车司机，都问我这个问题。我真觉得难以理解。

桑　林：这说明现在大家“向钱看”嘛。其实以前很少有人问这个问题。一来当面谈钱觉得不好意思，二来大家的工资都差不多，所以也用不着问。到了80年代，情况起了变化。有一些人下海发了财，富起来了。还有不少人出了国，去美国、欧洲、日本、澳大利亚，也挣了不少钱。

大　为：所以别的人就得了“红眼病”，是吧？

桑　林：那是前几年，现在好多了。那些问你爸爸挣多少钱的人，其实主要是好奇，想了解一下儿美国人的收入有多少。另外他们真的想不到在西方这个问题是犯忌的。在这些中国人看来，钱是你自己工作挣来的，又不是你偷的、抢的，为什么不能问呢？

大　为：你这下倒把我给问住了。说实话，我真不知道为什么美国人觉得大家不应该问这个问题，你让我好好想想。看来这跟文化有关系。

生词

1. 个儿	（名）	gèr	height，stature，build
2. 交(朋友)	（动）	jiāo(péngyou)	make（friends）
3. 真诚	（形）	zhēnchéng	sincere，truthful
4. 直率	（形）	zhíshuài	frank，straightforward
5. 现状	（名）	xiànzhuàng	present condition
6. 羡慕	（动）	xiànmù	envy，admire
7. 探望	（动）	tànwàng	visit
8. 朝拜	（动）	cháobài	pay homage to
9. 兴趣	（名）	xìngqù	interest
10. 约	（动）	yuē	arrange，make an appointment
11. 稍	（副）	shāo	slightly
12. 准时	（副）	zhǔnshí	on time
13. 简单	（形）	jiǎndān	simple
14. 气氛	（名）	qìfēn	atmosphere
15. 实惠	（形,名）	shíhuì	substantial；material benefit
16. 好客	（形）	hàokè	hospitable；hospitality
17. 丰盛	（形）	fēngshèng	rich，sumptuous
18. 意见	（名）	yìjiàn	opinion；complaint
19. 说明	（动,名）	shuōmíng	show，prove；explanation
20. 当面	（副）	dāng miàn	openly，to somebody's face
21. 下海		xià hǎi	start one's own buisness
22. 富	（形,动）	fù	rich
23. 红眼病	（名）	hóngyǎnbìng	jealousy（redeye）disease
24. 好奇	（动）	hàoqí	be curious，be full of curiosity
25. 另外	（连,形）	lìngwài	on the other hand，besides；other
26. 犯忌		fàn jì	violate a taboo
27. 抢	（动）	qiǎng	rob；robbery

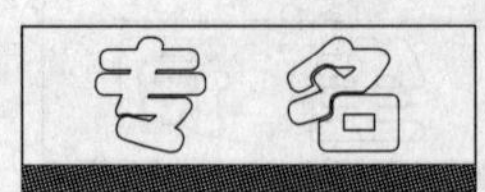

1. 太极拳　Tàijíquán　*taijiquan*
2. 泰山　Tài Shān　Mt. Tai
3. 孔圣人　Kǒng Shèngrén　Sage Confucius
4. 全聚德　Quánjùdé　famous roast duck restaurant in Beijing
5. 山东　Shāndōng　Shandong Province
6. 欧洲　Ōuzhōu　Europe
7. 澳大利亚　Àodàlìyà　Australia

2. 短文

死要面子活受罪

14 “面子”对中国人来说实在太重要了！什么都可以没有，但不能没面子；什么都可以丢，就是不能丢面子。想了解一点儿中国人的生活哲学，实在应该了解一下什么是中国人的面子。

面子究竟是什么？要说清楚并不容易。不过，面子可以分为有面子和没面子两种面子。因为某一件事别人看得起你，你就有面子；特别让人看得起，就特别有面子。相反，某件事使别人看不起你，你就没面子；特别被人看不起就特别没面子。儿女考上大学，不但自己和父母有面子，连亲戚朋友都有面子。相反，考不上大学，不但自己在父母和同学面前没面子，也使父母在邻居和同事面前没面子。

面子问题实际上很复杂。同一件事，有人做就无所谓丢面子，有人做就丢面子。在一个人面前有面子，在另一个人面前就可能没面子。王小三卖包子就无所谓丢面子，可王教授卖包子就丢面子，不但丢他自己的面子，也丢同行的面子，甚至是丢他的大学和政府的面子。卖包子的王小三在王教授面前可能并不觉得自己没面子，但在他的某个老同学面前就觉得没面子，因为这个同学现在是一个腰缠万贯的大老板，不像他得靠卖包子生活。

人人讲面子，人人要面子，为了面子能做好事也能做坏事，甚至为了面子可以死。有人出国不但没赚到大钱，还混了个山穷水尽，可就是不回国，因为回去没面子。有人感到实在没有成功的希望了，就宁可自杀也不回国；自杀不太有面子，但回国就更没面子。自杀的人不多，可“死要面子，活受罪”的人不少。有的夫妻之间已经没有了爱情，在一起生活一天就痛苦一天，可他们并不离婚，为的也是面子。

面子就是脸，有面子是露脸，没面子是丢脸。中国人讲究“人活一张脸，树活一张皮”。人没了这张脸，就跟树没了那张皮一样，是活不下去的。要是有人不想要这张脸，那就是不要脸。不要脸当然可以活下去，但那是要一辈子真的让人看不起的。正因为面子如此重要，所以中国人特别讲究给别人留面子。不讲面子，特别是不讲情面，是很不受人欢迎的。可以说，注意给人留面子，讲究情面是中国人交往的一个重要法则。

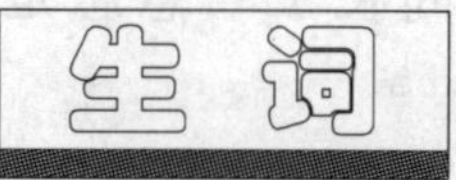

1. 死要面子， 活受罪		sǐ yào miànzi, huó shòu zuì	rather suffer a lot than lose face
2. 究竟	（副）	jiūjìng	actually, exactly
3. 分为	（动）	fēnwéi	divide into
4. 某	（代）	mǒu	certain, some
5. 看得起		kàndeqǐ	think highly of
看不起		kànbuqǐ	look down upon
6. 相反	（形）	xiāngfǎn	on the contrary
7. 无所谓		wúsuǒwèi	cannot be considered, doesn’t matter
8. 包子	（名）	bāozi	streamed stuffed bun
9. 甚至	（副，连）	shènzhì	even
10. 腰缠万贯		yāo chán wàn guàn	rolling in wealth
11. 赚	（动）	zhuàn	make (money, profit)
12. 混	（动）	hùn	muddle along

13. 山穷水尽		shān qióng shuǐ jìn	at the end of one's resources
14. 自杀	（动）	zìshā	commit suicide
15. 爱情	（名）	àiqíng	love
16. 露脸		lòu liǎn	be admired by others
17. 皮	（名）	pí	skin, bark
18. 留面子		liú miànzi	not make somebody feel embarrassed
19. 情面	（名）	qíngmiàn	feelings, sensibilities
20. 交往	（动，名）	jiāowǎng	contact; association
21. 法则	（名）	fǎzé	rule, law, model

注释

1. 时间一长，我发现桑林对人很真诚

"时间一长"也可以说成"时间长了"，意思是"经过较长时间以后"。用于口语。

2. 大为，你真够朋友

"够"，动词。这里指达到某种数量、标准或程度。"够朋友"指达到了朋友的标准，也即能尽到朋友的情分。又如：

(1)你带的钱够不够？

(2)我有一个面包就够吃了。

此外，在"够＋形"中，"够"是副词，表示达到某种标准。例如：

(1)别谦虚了，你的汉语够好的了。

(2)这几天可够冷的了，得多穿点儿。

3. 你这下倒把我给问住了

"这下"，口语词。相当于"这回"、"这次"。

4. 你这下倒把我给问住了

"倒"副词，在此表示出乎意料，并兼有使语气舒缓的作用。多用于口语。又如：

(1)在北京没有感冒,到昆明倒感冒了。

(2)没想到你倒不想去了。

5. 你这下倒把我给问住了

“给+V”,即“给”直接用在动词前,在此“给”为助词。用于口语中。不用“给”句子的意思不变。又如:

(1)他把酒给喝光了。

(2)麻烦您给找一下李老师。

(3)酒被他给喝光了。

6. 你这下倒把我给问住了

“住”用在动词的后面作结果补语,表示停止(或使停止)。“问住”是指回答不出或无法回答的意思。

7. 不但没赚到大钱,还混了个山穷水尽

“个”在“动$_1$+个+形/动$_2$”格式中,其作用是引进动词(动$_1$)的补语,相当于引进补语的助词“得”。用于口语。又如:

(1)星期天到我家来,我让你喝个够。

(2)你什么事儿都想问个明白。

8. 正因为面子如此重要

“正”副词,用来加强肯定的语气。

1. 发现某情况　fāxiàn mǒu qíngkuàng

Discover something

我发现桑林对人很真诚也很直率。

很多人问我爸爸每月挣多少钱

他每个周末都去喝酒

____

2. 约定某事　yuēdìng mǒu shì

Agree on / make a plan (...have arranged...)

那咱们就**说定/约好**了，寒假去桑林家。

我们已经　　　　圣诞节旅行结婚

大家　　　　　　明早八点校门口见

________　________

〔说明〕"说定"和"约好"分别可以说成"说好"和"约定"。

3. 补充　bǔchōng

Give additional information (..., besides...)

他们是好奇，**另外**不知道问这个是犯忌的。

我要去上海　　　有时间还想去杭州

你去跟他说　　　告诉他给我打个电话

________　________

〔说明〕"另外"也可以说"此外"。

4. 分类　fēnlèi

Classification (...be divided into...)

面子可以**分为**有面子和没面子两种。

汉语课　　　精读、听力和写作等

大家　　　　十个小组，每组五人

________　________

〔说明〕"分为"可说成"分成"。

5. 表示转折　biǎoshì zhuǎnzhé

On the contrary (...on the other hand...)

……**相反**，让人看不起就是没面子。

不喜欢就学不好

你不去，我就去

____

〔说明〕"相反"有时也可以说成"否则"或"(要)不然"。

6. 强调突出的情况　qiángdiào tūchū de qíngkuàng

Emphasize outstanding examples（...even...）

不但丢教授面子，**甚至**也丢他的大学的面子。

你比以前瘦多了，　　都让人认不出你了

不光你听不懂，　　我也听不懂他的话

__________　　__________

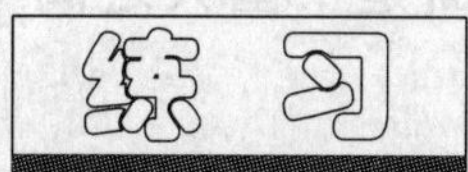

一、根据课文填空

1. 你们俩是怎么____上朋友的？
2. 他对中国的历史和现____都非常了解。
3. 我真____慕你有这么个好朋友。
4. 今年寒假他要回去____望他父母。
5. 我是不是来晚了？我今天可没____表。
6. 在中国，请客时客人____时到最好，晚到不太好。
7. 在美国，请客时客人总是到得____晚一点儿。
8. 西方人吃饭讲究气____，中国人讲实____。
9. 要是主人____客，就会准备好丰____的饭菜。
10. 过去中国人觉得____面谈钱是一件很不好意思的事。
11. 以前大家的工资都差不多，所以用不____问别人一个月挣多少钱，到了80年____以后，情况____了变化。
12. 不少人不知道问别人的收入在西方是犯____的。
13. 什么都可以没有，但不能____面子。
14. 因为某一件事别人看____起你，你就有面子。相反，看____起你，你就没面子。

15. 同一件事，有人做就无______面子，有人做就丢面子。

16. 有人出国不但没____到大钱，还____了个山穷水尽。

17. 有的夫妻______没有了爱情，在一起生活一天就痛______一天，可为了面子就是不离婚。

18. 有面子是____脸，没面子是____脸。

19. 中国人特别讲究给别人____面子，不讲______面是不受欢迎的。

20. 注意给人留面子和讲情面是中国人之间______往的重要法______。

二、从所给的词语中选择合适的填空

1. 张老师对人很______，也很直率。

   真诚　　真正

2. 我跟他聊天，______感到很愉快。

   总是　　就是

3. 我们已经______，寒假一起去云南旅行。

   谈话　　约好

14

4. 我的生日晚会是明晚七点，请各位______参加。

   那时　　准时

5. 他们常常问我每个月收入多少，这真让人______。

   难以理解　　难以了解

6. 这件事使我父母在邻居______很丢面子。

   前边　　面前

7. 我跟你的想法正______，我认为他应该去。

   反对　　相反

8. 不去不好，去了又不合乎自己的______。

   心愿　　愿意

9. 不要脸当然可以活______，但那是让人很看不起的。

   下去　　起来

三、用指定的词语回答

1. 你怎么通知他？（当面）

2. 听说你上周病了？（好多了）

3. 你怎么不去了？（一来……，二来……）

4. 你住的地方怎么样？（甚至连……）

5. 有钱就一定幸福吗？（相反）

6. 考试的成绩对你重要吗？（无所谓）

7. 你给她准备了什么礼物？（另外）

8. 你感到小王有什么变化吗？（发现）

四、熟读下列词组，然后选择合适的词语填空（①~⑦）

1. 交朋友　交上朋友　交女朋友　交了个朋友

2. 稍早一点儿　稍慢一点儿　稍好一点　稍大点儿声　稍快点儿走

3. 够朋友　够时间了　够快的了　够坏的了　不够好　不够用　吃够了　听够了

4. 问住　问不住　考住了　考不住　记得住　没记住　挡住了　挡不住　抓得住

5. 有面子　丢面子　没面子　讲面子　留面子　不留面子　不讲面子　不给面子　不给留面子　要面子　死要面子

6. 合乎心愿　合乎习惯　不合乎规矩　不合乎标准　合乎实际情况　合乎要求

7. 违反了规定　违反过规定　不违反要求　从没违反过纪律

①听说小王最近__________，是上海人。

②时间来不及了，请大家__________。

14

③这些话我们已经__________。

④你这道题可把我给__________。

⑤所以在生活中要注意给人______。

⑥你才一米六十,当警察是__________的。

⑦他在工作中从来没__________。

五、用你的话解释下面语句(词语)的意思

1. 酒后吐真言

2. 下海

3. 红眼病

4. 死要面子,活受罪

5. 人活一张脸,树活一张皮

六、朗读"对话"和"短文"各三到五遍,然后回答

1. 中国人和西方人"请客"有哪些不同?

2. 在能不能问别人的收入问题上,中、西方有什么样的不同心理?

3. 为什么说"为了面子有人能做好事也能做坏事"?

4. 当讲情面就会违反(wéifǎn)规定时,你觉得该怎么办,为什么?

七、各举一个给人留面子和不给人留面子的例子

八、请事先准备好发言提纲,课上讨论什么是面子,以及你对面子问题的看法

九、在熟读的基础上背诵短文《死要面子活受罪》

第十五课

1. 对话

中国人的"关系"很有意思

桑　林：说起文化，东西方的确有很大的差别。比如西方人特别重视 privacy，可这个词用中文还真不好翻译。中国人觉得一个人应该光明正大，要是一个人总是有什么事怕大家知道，我们就说这个人心怀鬼胎。日子长了，朋友们就都不信任他了。

大　为：西方是竞争的社会。竞争虽然对科学、技术和经济的发展很有好处，但是也会让人心理上觉得不那么安全。

桑　林：怪不得有一位中国作家，在西方生活了几年以后说，那儿人人都是一座城堡，要跟人深交很不容易。

大　为：我同意他的看法。当然具体到每个人，情况又有所不同。我到中国以后，看到一些中国人之间的关系真的非常密切。他们常常有了困难互相帮助，见面时无话不谈。我要是有几个这样的铁哥们儿，那我就什么也不怕，永远也不会觉得孤独了！

桑　林：其实也不像你想的那么简单。中国地少人多，资源有限，那么多人生活在一起常常会有矛盾。大家关系密切，也会带来很多的麻烦。所以现在好多人都说活得真累。

大　为：即使是这样，我还是觉得中国人的"关系"很有意思。除了

15

家庭、亲戚、朋友、同学、同事、师生、邻居，还有什么关系？

桑　林：还有同乡也很重要。

大　为：同乡，就是老乡的意思，对吗？

桑　林：对。这个“乡”可大可小。小可以小到一个村子，大可以大到一个省，甚至几个省。比如说东北老乡，就包括东北三个省的人。

大　为：是吗？一个省可就有好几千万人哪！那老乡也太多了！

桑　林：是啊，虽然人那么多，而且大家以前并不认识，可是只要我一听他是山东口音，立刻就觉得跟他很亲近。除了口音，同乡吃东西的口味也差不多。山东人爱吃大葱，山西人爱吃老陈醋，四川人、湖南人特别能吃辣的，上海人、苏州人喜欢吃甜的。

大　为：那北京人呢？

桑　林：北京人？你看看咱们现在正在吃什么！

大　为：啊，北京人爱吃烤鸭，我也爱吃烤鸭，所以我跟北京人可以算是半个老乡，你说呢？

15

桑　林：你来中国时间并不长，就学会了认老乡，拉关系。看来你已经进入中国文化了。

大　为：哪里，我还差得远呢！

桑　林：别忙！我说这话的意思可不是夸你，而是说你危险。

大　为：危险？我有什么危险？

桑　林：在中国“拉关系”、“走后门”可不是好词。多数中国人都很讨厌这种做法，因为这样做对没有关系的人非常不公平，对经济、文化的发展也没有好处。而且这种朋友很不可靠，他们跟你交朋友是为了要利用你。现在这种人不少，你要小心一点儿！

大　为：大林，你说得对。你真是我的哥们儿。

生词

1. 重视	（动）	zhòngshì	attach importance to
2. 光明正大		guāngmíng zhèngdà	open and aboveboard
3. 心怀鬼胎		xīn huái guǐ tāi	harbor dark secrets
4. 信任	（动）	xìnrèn	trust
5. 科学	（名，形）	kēxué	science；scientific
6. 技术	（名）	jìshù	technology；technical
7. 安全	（形，名）	ānquán	safe，secure；safety
8. 城堡	（名）	chéngbǎo	castle
9. 同意	（动）	tóngyì	agree with
10. 具体	（形）	jùtǐ	specific(ally)
11. 孤独	（形）	gūdú	lonely
12. 资源	（名）	zīyuán	resources
13. 有限	（形）	yǒuxiàn	limited
14. 即使	（连）	jíshǐ	even if
15. 同乡	（名）	tóngxiāng	people from the same place
16. 省	（名）	shěng	province
17. 包括	（动）	bāokuò	include
18. 口音	（名）	kǒuyīn	accent
19. 亲近	（动）	qīnjìn	close
20. 口味	（名）	kǒuwèi	one's preference in food
21. 葱	（名）	cōng	green onion
22. 算	（动）	suàn	count (as)，be considered
23. 夸	（动）	kuā	praise，flatter
24. 危险	（形）	wēixiǎn	dangerous；danger
25. 多数	（名）	duōshù	most，majority
26. 讨厌	（动）	tǎoyàn	detest，disgust
27. 做法	（名）	zuòfǎ	practice，way of doing things
28. 可靠	（形）	kěkào	reliable

15

专名

1. 山西　　Shānxī　　Shanxi Province
2. 四川　　Sìchuān　　Sichuan Province
3. 湖南　　Hú'nán　　Hunan Province
4. 苏州　　Sūzhōu　　a city in China
5. 老陈醋　　Lǎochéncù　　Shanxi vinegar

2. 短文

讲究吃的中国人

中国人爱吃、会吃、讲究吃。吃在中国人的生活中有着重要的地位和作用。它已经不光是为了生存的需要,而成了一种文化。

中国人爱吃,无论是天上飞的,地上跑的,还是水里游的,都能成为中国人餐桌上的美味佳肴。有的民族因为宗教信仰而不吃猪肉,有的民族因为心理习惯而不吃狗肉。有人说中国人吃狗肉太野蛮,其实,这样说并没有什么太多的道理,因为吃狗肉和吃牛肉、羊肉并没有什么太大的差别。说狗是人类的朋友,那么牛和羊就不是人类的朋友了吗?

中国人不但什么都能吃,而且也会吃,光做菜的方法就有煎炒烹炸等几十种,做出来的菜讲究既要颜色漂亮,又要味道鲜美。中国人很讲究吃,该吃的时候要是不吃就很丢面子,所以借钱也要吃。过年过节当然要吃好的,亲戚朋友来了更要吃好的。结婚要请客,生孩子也要请客,孩子考上大学更得请客。高兴的时候要吃,不高兴的时候也要吃,说是借酒消愁。甚至离婚的时候也要吃一顿,说是好离好散。前几年北京有一家离婚餐馆,许多离婚的"夫妻"都去那儿最后再吃上一顿饭。餐馆里灯光柔和,音乐优美。吃完饭老板还送给每个人一个小礼物,但不跟他们说再见。可见,在中国什么东西都能吃,什么事儿都能成为吃的理由。中国人不光在国内讲究吃,也把餐馆开到了国外,在美国到处都可以看到中国饭馆。

讲究吃并不是坏事，实际上中国人的吃是很有人情味儿的。它不但使人和人的关系更亲密更和谐，也能使许多问题迎刃而解。但是当吃变成了一种交易的时候，吃就不是好事了，所谓“酒杯一端，政策放宽”。在吃吃喝喝中，不可以的可以了，不合格的合格了，不合法的合法了，因为“吃了人家的嘴短”。于是，人情和面子代替了原则，不腐败才怪呢！

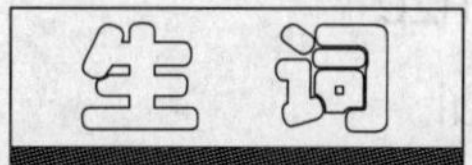

1. 会(吃)	（助动）	huì(chī)	be an expert on, know how to (eat)
2. 作用	（名）	zuòyòng	function
3. 生存	（动）	shēngcún	subsist, exist
4. 美味佳肴		měiwèi jiāyáo	delicacy
5. 信仰	（动，名）	xìnyǎng	belief
6. 野蛮	（形）	yěmán	barbaric
7. 牛	（名）	niú	cow, ox
牛肉	（名）	niúròu	beef
8. 羊	（名）	yáng	sheep
羊肉	（名）	yángròu	mutton
9. 道理	（名）	dàoli	reason, truth
10. 煎炒烹炸		jiān chǎo pēng zhá	deep-fry and stir-fry
11. 鲜美	（形）	xiānměi	delicious
12. 借酒消愁		jiè jiǔ xiāo chóu	drown sadness with wine
13. 顿	（量）	dùn	(measure word)
14. 好离好散		hǎo lí hǎo sàn	part in a friendly way
15. 柔和	（形）	róuhé	soft, gentle
16. 优美	（形）	yōuměi	beautiful
17. 理由	（名）	lǐyóu	cause, reason, excuse
18. 人情味儿	（名）	rénqíngwèir	human flavor, human touch

19. 迎刃而解　　　　yíng rèn ér jiě　　solve naturally and easily
20. 交易　（名）　jiāoyì　　business deal
21. 端　（动）　duān　　lift up (a cup, etc.)
22. 放宽　（动）　fàngkuān　　relax restrictions
23. 合格　（名）　hégé　　qualified, up to the standard
24. 合法　　　　héfǎ　　legal, legitimate
25. 嘴短　　　　zuǐ duǎn　　tongue tied
26. 代替　（动）　dàitì　　replace
27. 原则　（名）　yuánzé　　principle, rules
28. 腐败　（动）　fǔbài　　corrupt; corruption

1. privacy 用中文还真不好翻译

“好”用在动词前面,表示容易。又如:

(1)那条路太窄不好走,这条路好走。

(2)老师说的话好懂,他们说的话不好懂。

(3)我觉得英语好学,汉语不太好学。

此外,“好 + 看/听/吃/闻/使/用/喝/受/玩儿(等少数表示动作、感觉的动词)”,表示效果好、令人舒服、使人满意。例如:

(1)你这张照片很好看,在哪儿照的?

(2)我昨天肚子不太好受。

2. 具体到每个人,情况又有所不同

“具体到”即联系到(特定的人或事物)。必带名词宾语,并要求有后续语句。即常出现在“A……,具体到 B……,C……”格式中,例如:

(1)你们考的都很好,但具体到不同的人,成绩又有高有低。

(2)不具体到每个人,就发现不了问题。

3. ……有这样几个铁哥们儿……

“铁哥们儿”用于非正式的口语中,指关系最密切、最要好的朋友。一般也说成"哥们儿"。

(1)我俩是铁哥们儿,无话不谈。

(2)小王是我的哥们儿,我让他帮帮你。

4. 中国人可不管这一套

"不管这一套"即不理会这一些(说法)。

"这一套"即这一些、这样的(说法、办法、做法)。与此相关的口语习用语有:"别来这一套"、"别管这一套"、"别(/不要)搞这一套"以及"别来那一套"。

1. 同意/不同意 tóngyì / bù tóngyì

Agree / disagree

我非常**同意/不同意**他的看法。

我们　　　　你的意见

我　　　　　这种说法

______　　　______

2. 表示包括 biǎoshì bāokuò

Include something

比如说东北就**包括**黑龙江、吉林、辽宁三省。

语言学习　　听说读写四个方面

我们班　　　老师在内,有18人

______　　　______

3. 讨厌 tǎoyàn

Disgust

多数人都很**讨厌**"走后门"的做法。

我特别　　　买东西上车不排队

我　　　　　你,你别说了

______　　　______

4. 推论　tuīlùn

Draw a conclusion from some facts

连离婚都要吃，**可见**什么事儿都可以“吃”。

到现在还没来　　　他肯定不会来了

冬天都不冷　　　　这里四季都不会冷

______　　　　______

练习

一、根据课文填空

1. ______文化，东西方的确有很大的差______。
2. 中国地少人多，资源有______。
3. 一些中国人之间关系非常____切。
4. 只要一听他是山东口音，立刻就觉得很____近。
5. 我也爱吃烤鸭，我跟北京人可以____是半个老乡。
6. 你来中国时间不长，却学会____老乡，____关系了。
7. 我这么说可不是______你，而是说你危险。
8. 这样做非常不公______，对社会的发____也没有好处。
9. 有些朋友很不可______，跟你交朋友就是要______你。
10. 中国人____吃、____吃，讲究吃。吃在中国人的生活中有着重要的______和______。
11. 有的民族因宗教______而不吃猪肉，有的因______习惯而不吃狗肉。
12. 说吃狗肉太野______，其实并没有太多的______。
13. 中国人讲究吃，______吃的时候不吃就很______面子。
14. 在中国____东西都能吃，____事儿都能成为吃的理由。
15. 不光在国内“吃”，也把餐馆____到了国外。

16. ____吃变成了一种交______的时候，吃就不是好事了。

17. 人情和面子______了原则，不______才怪呢！

二、根据拼音写汉字

1. guāng míng zhèng dà ______________

2. xīn huái guǐ tāi ______________

3. měi wèi jiā yáo ______________

4. zōng jiào xìn yǎng ______________

5. jiān chǎo pēng zhá ______________

6. jiè jiǔ xiāo chóu ______________

7. yíng rèn ér jiě ______________

8. (zhòng)______男(qīng)______女

9. 男(zūn)______女(bēi)______

10. 光(zōng)______耀(zǔ)______

11. 腰(chán)______万(guàn)______

12. 山(qióng)______水(jìn)______

三、把词语组成句子

1. 讲究　个人　的　特别　西方人　事　他人　不受　干扰(gānrǎo)

2. 竞争　有好处　但　让人　也　安全感　没有　发展　对社会

3. 带来　了　关系　密切　太　有时　也会　麻烦

4. 讨厌　的　都　谁　人　办事　不　公平

5. 好听　说　当面　其实　得　都　并不　心里话　是

6. 菜　的　讲究　漂亮　鲜美　做出来　既要　又要　颜色　味道

7. 的　离婚　也要　一顿　甚至　说是　好离好散　吃　时候

15

四、找出惟一正确的答案

1. privacy 这个词用汉语很不好翻译。

这句话的意思是:

a. 用汉语翻译的 privacy 这个词,翻译得很不好。

b. 汉语里找不到一个词和 privacy 的意思完全一样。

c. 英语水平不高的人就翻译不出 privacy 这个词。

d. 中国人认为 privacy 不是一个好词儿。

2. 中国人好朋友之间无话不谈。

这句话的意思是:

a. 中国人好朋友之间要是没有想说的话就不谈。

b. 中国人好朋友之间不需要什么都说。

c. 中国人好朋友之间什么话都可以谈。

d. 中国人好朋友之间一般不谈话。

3. 那么牛和羊就不是人类的朋友了吗?

这句话的意思是:

15

a. 牛和羊也应该看成是人类的朋友。

b. 牛和羊不应该看成是人类的朋友。

c. 牛和羊不可能是人类的朋友。

d. 牛和羊当然不是人类的朋友。

4. 人情代替了原则,不腐败才怪呢!

这句话的意思是:

a. 人情代替了原则不能说是腐败。

b. 人情代替了原则,奇怪的是并不腐败。

c. 人情代替了原则,也没有什么奇怪的。

d. 人情代替了原则就一定会出现腐败现象。

5. 我跟李明的看法相反，张天说的是有道理的。

这句话的意思是：

a. 李明认为张天说的没道理，“我”不同意李明的看法。

b. “我”跟李明都不认为张天说的有道理。

c. “我”认为张天说的没道理，李明不同意“我”的看法。

d. “我”和李明的看法都不对，张天的看法是对的。

五、从所给的10个带“会”字的句子中，分别找出跟A B C D用法相符的句子

“会”表示：

A［动词］（“会”+名词）熟悉，通晓

B［助动词］（“会”+动词）懂得怎样做

C［助动词］（“会”+动词）善于做某事

D［助动词］（“会”+动词）有可能

①中国人爱吃、会吃、讲究吃。

②杨老师会三种语言。

③我想他会帮助你的。

④听说小张很会说话。

⑤他在中学时就会开车。

⑥别着急，她会来的。

⑦现在的年轻人都很会生活。

⑧你会不会上海话？

⑨有时候我能说出来，但不会写。

⑩你放心吧，我不会骗你的。

六、说说“好”字在下面各句子中的意义和用法

①王老师课讲得很好，我喜欢他的课。

15

②这个问题可不好回答。

③好多人都说活得太累。

④“走后门”可不是个好词。

⑤我们都认识好几年了。

⑥离婚也不要吵闹，好离好散嘛。

⑦回国带的礼物都已经准备好了。

⑧你做菜确实好吃，真的！

⑨我们说好明早八点校门口见面。

七、举例说明下列词语的意思，并加以评论

1. 拉关系

2. 走后门

3. 吃了人家的嘴短，拿了人家的手软

4. 酒杯一端，政策放宽

八、在熟读的基础上背诵短文《讲究吃的中国人》

第十六课

1. 对话

山东人真好客

桑　林：你们俩已经在村里住了三天了。这儿的条件可比我们学校留学生楼差多了,我真担心你们在这儿住不惯。

茉　莉：那你算是白担心了。告诉你吧,这三天是我在中国最快乐,也是最难忘的日子。

大　为：桑林,你们村的老乡对我们太热情了。今天东家请我们吃

16

饺子，明天西家请我们吃烙饼。家家都做了那么多菜，还准备了白酒和啤酒。山东人真好客！

茉　莉：我们这一来，给你们家带来了很多麻烦，我真觉得不好意思。今天要是再有人来请我们吃饭，我们就不去了。桑林，你看行吗？

桑　林：那不好。我们村儿的人都很实在。他们诚心诚意来请你们，你们要是拒绝了，他们一定会觉得很没有面子。

大　为：那咱们还是去吧。坐在热炕上，边喝茶，边听老人们讲故事，挺有意思的。昨天，村东头的二大爷还给我们讲了你小时候的事儿呢。说你小时候特别淘气，爬房上树，下河游泳，还常常被你爸爸打屁股，可是村里的老人们都觉得你将来一定有出息，能光宗耀祖。

桑　林：村里的老人们从小看着我长大。我小时候的事儿，他们比我还清楚，而且还不光是我的事，连我爷爷、我奶奶、我爹、我娘年轻时候的事，他们也知道得清清楚楚。所以我在外面上大学，念研究生，甚至将来出了名，回到村里也还是桑家的小三儿。

茉　莉：这些年西方人都喜欢寻根，寻根的同时也寻找自我。你的根不用寻找，就在这儿。全村人好像都是你的亲戚，都那么了解你和你的家世，我真羡慕你。

桑　林：我们这个村子在黄河边儿上，是个穷地方。村里人不是姓桑就是姓李，祖祖辈辈在这儿种地。过去碰上水灾、旱灾，地里不打粮食，就出去要饭。因为山东人口太多，以前也有不少人去东北闯关东。

大　为：现在村里大家生活怎么样？我看有的人家好像已经富起来了，盖了新房子，买了冰箱和彩电。

茉　莉：还有的年轻人骑着摩托车，手里拿着大哥大。

桑　林：这可是最近的变化，我上次回来还没有呢。这些富起来的人家多数人除了种粮食以外，还养鸡养鱼，或者种菜卖水果。还有一些人在城里当建筑工人，当阿姨，或者开小饭馆。他们常年在外，工作非常辛苦，可赚的钱也比较多。光种粮食的人家就富不起来。

大　为：这个村有没有乡镇企业？

桑　林：还没有。村里人对办企业没有经验，现在大家正在到处找关系，想办法，我也正为这件事着急呢！我们村的情况是地少人多，多出来的劳动力没有出路。这儿离大城市又比较远。我真希望能帮助村里把乡镇企业建立起来。

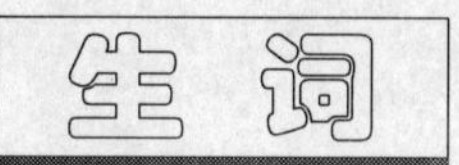

1. 条件	（名）	tiáojiàn	conditions
2. 白	（副）	bái	in vain
3. 难忘	（动）	nánwàng	unforgettable
4. 烙饼	（名）	làobǐng	pancake
5. 实在	（形）	shízài	honest
6. 诚心诚意		chéng xīn chéng yì	very sincerely
7. 拒绝	（动）	jùjué	refuse, decline
8. 炕	（名）	kàng	hot brick-bed in China
9. 淘气	（形）	táoqì	naughty
10. 打屁股		dǎ pìgu	spank (the bottom)
11. 有出息		yǒu chūxi	promising; will be prominent
12. 寻根		xún gēn	search for roots
13. 寻找	（动）	xúnzhǎo	search, seek
14. 家世	（名）	jiāshì	family tree, ancestors
15. 祖祖辈辈		zǔzǔ bèibèi	for generations
16. 碰上	（动）	pèngshàng	meet with, run into
17. 水灾	（名）	shuǐzāi	flood

16

18. 旱灾 (名) hànzāi drought
19. 粮食 (名) liángshi grain, food
20. 要饭 yào fàn beg for food
21. 闯关东 chuǎng Guāndōng go to the Northeast of China (for opportunities)
22. 摩托车 (名) mótuōchē motorcycle
23. 大哥大 (名) dàgēdà cellular phone
24.(乡镇)企业(名) (xiāngzhèn) qǐyè (village and township) enterprises
25. 经验 (名) jīngyàn experience
26. 劳动力 (名) láodònglì labor force
27. 出路 (名) chūlù outlet

2. 短文

剪不断的是乡情

中国传统的生活方式是"日出而作,日入而息"。人们祖祖辈辈生活在一个地方。生在这儿,长在这儿,死在这儿,埋在这儿。所以中国人很早就形成了一种故土难离的民族心理。人们一般不愿意背井离乡到外地去工作,即使在外面混得很成功,人人羡慕,也还是常常怀念自己的家乡。在中国人看来,家乡无论多么贫穷落后也比别的地方好,连月亮也是故乡的更圆。

有个寓言故事说,从前有个老头儿叫愚公,他家门前有两座大山,挡住了去路,一家人进进出出很不方便。于是,老愚公决定带着他的儿孙们把两座大山搬走。全家人每天挖山,挖了一年又一年。这件事感动了上帝,上帝就派了两个神仙把两座大山搬走了。有人说,这个故事说明了中国人不怕困难的精神,但它也告诉人们:中国人宁可搬山,也不搬家。这就是中国人的乡情!

沧海桑田,桑田沧海!历史从昨天走到了今天,中国发生了巨大的变化。特别是改革开放以来,中国的政治、经济、文化以及人们的生活方式和价值观都有了极大的变化,越来越多的人离开了家乡,也有一些人走出了国门,但是中国人的乡情却没有变。在外面无论是求学打工，还是经商做买卖，他们的共同之处是常常会想家。在国外工作生活的中国人，不但想家乡，想亲友，更怀念中国的风土人情。对他们来说，剪不断的是乡情。

的确，生活在世界各地的华人，从来没有忘了自己是炎黄子孙。许多人在国外生活了几十年，晚年却仍然想叶落归根。还有的人即使由于种种原因活着时没能回去，死后也要把骨灰埋在自己的故乡。世界著名女物理学家，哥伦比亚大学的吴健雄教授，二十几岁就离开了中国，在美国生活了六十多年。生前，她得过十三个世界大奖和十六个荣誉博士。死后，她却让人把骨灰送回了故乡——中国江苏省太仓市浏河镇。

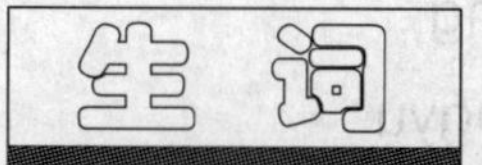

1. 剪	（动）	jiǎn	cut with scissors
2. 乡情	（名）	xiāngqíng	love of hometown
3. 故土难离		gùtǔ nán lí	it's hard to leave home
4. 背井离乡		bèi jǐng lí xiāng	turn one's back to the old well to go away from home
5. 怀念	（动）	huáiniàn	think fondly of（past，home，a dead person，etc.）
6. 贫穷	（形，名）	pínqióng	poor；poverty
7. 寓言	（名）	yùyán	fable
8. 方便	（形）	fāngbiàn	convenient
9. 挖	（动）	wā	dig
10. 派	（动）	pài	send，dispatch，assign
11. 神仙	（名）	shénxiān	celestial being
12. 背	（动）	bēi	carry on the back
13. 沧海桑田		cāng hǎi sāng tián	seas turn into mulberry fields
14. 改革	（动，名）	gǎigé	reform
15. 开放	（动，名）	kāifàng	opening up
16. 求学		qiú xué	seek education

16

17. 打工		dǎ gōng	work, moonlight
18. 风土人情		fēngtǔ rénqíng	customs, food and people of some place
19. 炎黄子孙		Yán-Huáng zǐsūn	Chinese, descendants of Yan Di and the Yellow Emperor
20. 晚年	(名)	wǎnnián	old age, golden years
21. 叶落归根		yè luò guī gēn	return home in old age (leaves fall back to the roots)
22. 骨灰	(名)	gǔhuī	ashes
23. 物理学家		wùlǐxuéjiā	physicist
24. 生前	(名)	shēngqián	during one's lifetime
25. 奖	(名)	jiǎng	prize, award
26. 荣誉	(名)	róngyù	honor; honorary
27. 博士	(名)	bóshì	Ph.D

专名

1. 愚公	Yúgōng	Foolish Old Man (name)
2. 哥伦比亚大学	Gēlúnbǐyà Dàxué	Columbia University
3. 吴健雄	Wú Jiànxióng	name of a person
4. 江苏省	Jiāngsū Shěng	Jiangsu Province
5. 太仓市	Tàicāng Shì	Taicang City
6. 浏河镇	Liúhé zhèn	Liuhe Town

注释

1. 东家请我们吃饺子，西家请我们吃烙饼

"东家"和"西家"用在"东家……，西家……"或"……东家，……西家"的格

式中，表示不确指某一家，强调许多家。有时也用“张家”和“李家”来对举。

2. 我们这一来，给你们家带来了很多麻烦

“一+动”，表示动作一旦发生就会带来某种结果，或得出某结论。又如：

(1)你一走，家里就剩我一个人了。

(2)我一想，不去也好，在家休息休息。

(3)我一说，你一定不高兴。

3. 村里地少人多，多出来的劳动力没有出路

“多”在此为动词，表示超出原有的或应有的数量(限度)。这里“多出来”相当于“多余”，即超过需要数量的。又如：

(1)我们班又多了两个新同学。

(2)你找给我的钱多了五块。

(3)这句话多了一个字。

4. 从来没有忘了自己是炎黄子孙。

炎黄子孙，即炎帝和黄帝的后代。炎帝和黄帝是中国古代传说中的两个帝王，常用来借指中华民族的祖先。

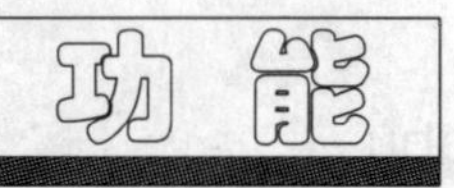

16

1. 担心 / 不担心　dānxīn / bù dānxīn

Worry / do not worry about something

我真**担心**你们在这儿住不惯。

我还　　你找不着这儿呢

别　　，他会来的

____　________

我们**不担心**你和小王，担心小赵。

我　　他能不能来，担心他来晚了

你　　你女儿的婚事吗？

____　________

2. 表示非此即彼　biǎoshì fēi cǐ jí bǐ

Either...or...

我们这村里**不是**姓桑的**就是**姓李的。

你们俩个　　你去，　　他去

春节我　　回老家　　去天津

________　______　______

〔说明〕"不是A,就是B"表示在A B两项中必有一项是事实。有时也说"不A,就B",如"新年晚会不在你家举行,就在我家举行。"

3. 愿意 / 不愿意　yuànyì / bú yuànyì

Willing / unwilling

人们一般**不愿意**背井离乡到外地去工作。

大家都　　坐火车去

我　　跟他住在一个宿舍

________　______________

我们都**愿意**王老师继续教我们班口语。

我　　跟老刘住一个宿舍

他　　听中国民歌

______　______________

4. 表示让步（2）　biǎoshì ràngbù

Concession (Even...also...)

即使在外面混得很成功,**也**还是常常想家。

明天下雨　　要按时出发

你不去,我　　要去的

____________　__________

5. 决定　juédìng

Decision

老愚公**决定**带着他的儿孙们把山搬走。

我们　　圣诞节期间去云南旅行

我　　不把这事儿告诉给老刘

______　______________

练习

一、根据课文填空

1. 这儿的条件比我们学校留学生楼____多了。

2. 你们要是______了，他们一定会觉得没面子。

3. 说你小时候特别______，常常被你爸爸打屁股。

4. 村里的老人们从小看____我长大的。

5. 这些年西方人喜欢寻____，其实就是在寻找____我。

6. 过去______水灾、旱灾，地里不打粮食，就出去要饭。

7. 我看有的人家好像已经____起来了。

8. 他们工作很辛苦，可____的钱也比较多。

9. 村里人对____企业没有经验，我正为这件事____急呢！

10. 在中国人看____，家乡无论多么贫穷______也比别的地方好。

11. 他家门前有两座大山挡____了去路。

12. 愚公全家挖山的事______了上帝，上帝就____两个神仙把大山搬____了。

13. 改革开放以来，中国人的生活方____和价值____都有了极大的变化。

14. 生活在世界______的华人，从来没忘了自己是炎黄子孙。

二、填空组成词语

1. 诚____诚____

2. 故____难____

3. ____井____乡

4. ____穷____后

5. ____海____田

6. 改____开____

7. 炎____子____

8. 风____人____

9. 叶____归____

10. 生____方____

三、把能搭配的词语连接起来

1. 带来了　　白酒和啤酒

他们觉得　　摩托车

骑着　　很多麻烦

准备了　　很没面子

拿着　　关系

开　　饭馆

白　　大哥大

找　　去了

2. 到外地　　出路

挡住了　　大奖

走出了　　家乡

离开了　　去工作

得过　　国门

四、用指定的词语完成句子

1. 我今天没买到那本书，________。 （白）

2. ________，现在还可以。 （吃不惯）

3. ________，大家都不喜欢他。 （不光）

4. 我们俩得有一个人去，________。（不是……就是……）

5. 这是我第一次吃饺子，________。 （从来）

6. ________，不愿意去的可以不去。 （愿意）

五、填量词

1. 她说的是一____《三国》。

2. 吃一____烤鸭就得一百多块。

3. 三____同堂的大家庭越来越少了。

4. 历史上有许多几百人,上____人的大家族。

5. 我们这个单元虽说是两____一厅,可厅很小。

6. 来了客人只能在这____大屋子里吃饭。

7. 几____白酒喝下去就会什么都对你说了。

8. 面子分为有面子和没面子两____面子。

9. 他说,在西方人人都是一____城堡,要深交很不容易。

10. 在中国,吃已成了一____文化。

11. 他们可不管这一____。

12. 离婚的时候都要吃一____,可见,吃在中国是很有人情味儿的。

13. 愚公决定把两____大山搬走。

六、找出惟一正确的答案

1. 他们在这儿住了三天了。

这句话的意思是:

a. 他们已经住了三天,现在还住在这儿呢。

b. 他们已经住了三天,现在不住在这儿了。

c. 他们快要在这儿住三天了。

d. 他们打算住三天,现在还不到三天。

2. 全家人每天挖山,挖了一年又一年。

这句话的意思是:

a. 全家人每天都挖山,一共挖了两年。

b. 全家人每天都挖山,挖了一年还要挖一年。

c. 全家人每天都挖山,挖了很多年。

d. 全家人都来挖山,也需要挖两年。

七、英译汉

1. We are afraid you would be late.

2. In the morning I went in vain. Mr. Wang was still not there.

3. Take me as an example, my monthly salary is only seven or eight hundred *yuan*.

4. All the affairs, large or small, are decided by the patriarch.

5. In China, aside from the table, everything with four legs can be eaten.

6. Since opening up and reform, the politics, economy and culture of China have changed tremendously.

八、熟读短文《剪不断的是乡情》,直到能流利地复述下来

16

生词索引

本索引为全部生词总表。按音序及出现的先后顺序排列，其中生词后面括号里的前一个数字为该生词第一次出现的课文，后一个数字“1”表示出现在对话里，“2”表示出现在短文里。

A

哎	āi	(1,1)
挨宰	ái zǎi	(1,1)
安闲	ānxián	(7,1)
挨打	ái dǎ	(10,2)
按照	ànzhào	(12,2)
爱好	àihào	(13,1)
爱情	àiqíng	(14,2)
安全	ānquán	(15,1)

B

比方(说)	bǐfang(shuō)	(1,1)
不过	búguò	(1,1)
办法	bànfǎ	(1,1)
并	bìng	(1,2)
变化	biànhuà	(1,2)
不停	bùtíng	(1,2)
逼	bī	(3,2)
必要	bìyào	(4,1)
不惜	bùxī	(4,2)
保守	bǎoshǒu	(4,2)
博物馆	bówùguǎn	(5,2)
比如	bǐrú	(5,2)
保护	bǎohù	(6,2)
不许	bù xǔ	(6,2)
奔放	bēnfàng	(7,1)
不幸	búxìng	(7,2)
不论	búlùn	(8,1)
拜	bài	(9,1)
百花丛中	bǎi huā cóng zhōng	(9,2)
表演	biǎoyǎn	(10,1)
鞭子	biānzi	(10,1)
便饭	biànfàn	(12,1)
伯伯	bóbo	(12,2)
辈	bèi	(12,2)
保障	bǎozhàng	(12,2)
抱怨	bàoyuàn	(13,1)
包办(婚姻)	bāobàn(hūnyīn)	(13,2)
包子	bāozi	(14,2)
包括	bāokuò	(15,1)
白	bái	(16,1)
背井离乡	bèi jǐng lí xiāng	(16,2)
背	bēi	(16,2)
博士	bóshì	(16,2)

C

承包	chéngbāo	(1,1)
乘客	chéngkè	(1,1)
从政	cóngzhèng	(2,1)
成功	chénggōng	(2,1)
朝代	cháodài	(2,2)
城楼	chénglóu	(2,2)
传统	chuántǒng	(3,1)
垂帘听政	chuí lián tīng zhèng	(3,2)
产物	chǎnwù	(4,2)
草原	cǎoyuán	(4,2)
串门儿	chuàn ménr	(5,1)
差	chà	(6,1)
差不多	chàbuduō	(7,1)
从来	cónglái	(7,1)
创造	chuàngzào	(7,2)
吃掉	chīdiào	(7,2)
藏	cáng	(7,2)
(远)处	(yuǎn) chù	(8,1)
从而	cóng'ér	(8,2)
崇尚	chóngshàng	(8,2)
成仙	chéng xiān	(9,1)
传说	chuánshuō	(9,1)
存在	cúnzài	(9,2)
差别	chābié	(9,2)
场	chǎng	(9,2)
初	chū	(10,1)
成	chéng	(10,2)
吃苦	chī kǔ	(10,2)
从一而终	cóng yī ér zhōng	(10,2)
传	chuán	(11,2)
从此	cóngcǐ	(11,2)
从事	cóngshì	(11,2)
宠	chǒng	(12,1)
财产	cáichǎn	(12,2)
成员	chéngyuán	(12,2)
炒菜	chǎo cài	(13,1)
出版	chūbǎn	(13,1)
趁(热)	chèn (rè)	(13,1)
朝拜	cháobài	(14,1)
城堡	chéngbǎo	(15,1)
葱	cōng	(15,1)
诚心诚意	chéng xīn chéng yì	(16,1)
闯关东	chuǎng Guāndōng	(16,1)
出路	chūlù	(16,1)
沧海桑田	cāng hǎi sāng tián	(16,2)

D

待	dāi	(1,1)
当然	dāngrán	(1,1)
丢	diū	(1,1)
打表	dǎ biǎo	(1,1)
当今	dāngjīn	(1,2)
读万卷书，行万里路	dú wàn juàn shū, xíng wàn lǐ lù	(2,1)
大有作为	dà yǒu zuòwéi	(2,1)
弟子	dìzǐ	(2,1)
耽误	dānwu	(2,1)
当权	dāngquán	(3,1)
大臣	dàchén	(3,2)
陡	dǒu	(4,1)
挡	dǎng	(4,2)

大概	dàgài	(5,1)
地铁	dìtiě	(5,1)
的确	díquè	(5,2)
典型	diǎnxíng	(6,1)
雕刻	diāokè	(6,1)
大理石	dàlǐshí	(6,1)
打猎	dǎ liè	(6,2)
道德	dàodé	(6,2)
兑换	duìhuàn	(7,1)
叼	diāo	(7,2)
打的	dǎ dī	(8,1)
点缀	diǎnzhuì	(8,2)
对景	duìjǐng	(8,2)
岛	dǎo	(8,2)
当……时	dāng……shí	(8,2)
道观	dàoguàn	(9,1)
道教	Dàojiào	(9,1)
淡泊名利	dànbó mínglì	(9,1)
打坐	dǎ zuò	(9,1)
大花脸	dàhuāliǎn	(10,1)
打听	dǎtīng	(11,1)
段	duàn	(11,1)
大鼓	dàgǔ	(11,1)
地道	dìdao	(11,2)
大部分	dà bùfen	(12,1)
独生女	dúshēngnǚ	(12,1)
单元	dānyuán	(13,1)
地位	dìwèi	(13,2)
独立	dúlì	(13,2)
顶起	dǐng qǐ	(13,2)
当面	dāng miàn	(14,1)
多数	duōshù	(15,1)
道理	dàoli	(15,2)
顿	dùn	(15,2)
端	duān	(15,2)
代替	dàitì	(15,2)
打屁股	dǎ pìgu	(16,1)
大哥大	dàgēdà	(16,1)
打工	dǎ gōng	(16,2)

E

恶	è	(10,1)

F

发现	fāxiàn	(1,1)
发展	fāzhǎn	(1,2)
发展中国家	fāzhǎn zhōng guójiā	(1,2)
发达	fādá	(1,2)
富裕	fùyù	(1,2)
封为	fēngwéi	(3,2)
防御	fángyù	(4,1)
坟墓	fénmù	(4,1)
风水	fēngshuǐ	(4,1)
发财	fā cái	(4,1)
封闭	fēngbì	(4,2)
方	fāng	(6,1)
伐木	fá mù	(6,2)
服从	fúcóng	(6,2)
发	fā	(7,1)

发传真	fā chuánzhēn	(7,1)
佛寺	fósì	(7,1)
佛教	Fójiào	(7,1)
发愁	fā chóu	(8,1)
罚	fá	(8,1)
罚款	fá kuǎn	(8,1)
风格	fēnggé	(8,2)
方法	fāngfǎ	(9,1)
返老还童	fǎn lǎo huán tóng	(9,1)
佛祖	fózǔ	(9,1)
方式	fāngshì	(11,1)
发给	fāgěi	(11,1)
附近	fùjìn	(11,2)
分配	fēnpèi	(12,2)
复杂	fùzá	(12,2)
风味	fēngwèi	(13,1)
方便面	fāngbiànmiàn	(13,1)
辅导	fǔdǎo	(13,1)
妇女	fùnǚ	(13,2)
法律	fǎlǜ	(13,2)
废除	fèichú	(13,2)
丰盛	fēngshèng	(14,1)
富	fù	(14,1)
犯忌	fàn jì	(14,1)
分为	fēnwéi	(14,2)
法则	fǎzé	(14,2)
放宽	fàngkuān	(15,2)
腐败	fǔbài	(15,2)
方便	fāngbiàn	(16,2)
风土人情	fēngtǔ rénqíng	(16,2)

G

敢	gǎn	(1,1)
古代	gǔdài	(2,1)
宫殿	gōngdiàn	(3,1)
攻入	gōng rù	(3,2)
公主	gōngzhǔ	(3,2)
贵妃	guìfēi	(3,2)
赶出	gǎnchū	(3,2)
工程	gōngchéng	(4,1)
鬼	guǐ	(4,1)
过节	guò jié	(4,1)
盖	gài	(4,1)
故乡	gùxiāng	(4,2)
高楼大厦	gāo lóu dà shà	(5,1)
光	guāng	(5,2)
关系	guānxi	(5,2)
改	gǎi	(5,2)
改回	gǎi huí	(5,2)
革命	gémìng	(5,2)
革命家	gémìngjiā	(5,2)
(天人)观	(tiānrén) guān	(6,2)
规律	guīlǜ	(6,2)
规定	guīdìng	(6,2)
感觉	gǎnjué	(7,1)
怪不得	guàibude	(7,1)
根	gēn	(7,2)
共同	gòngtóng	(7,2)
公平	gōngpíng	(8,1)
观念	guānniàn	(9,2)
观众	guānzhòng	(10,1)
改变	gǎibiàn	(9,2)
歌剧	gējù	(10,1)
功	gōng	(10,2)
跪	guì	(10,2)
瓜子儿	guāzǐr	(11,1)
工资	gōngzī	(12,1)
孤单	gūdān	(12,1)

管	guǎn	（12，1）	个儿	gèr	（14，1）
个人	gèrén	（12，2）	光明正大	guānmíng zhèngdà	（15，1）
规矩	guīju	（12，2）	孤独	gūdú	（15，1）
光宗耀祖	guāng zōng yào zǔ	（12，2）	故土难离	gùtǔ nán lí	（16，2）
够得着	gòudezháo	（13，1）	改革	gǎigé	（16，2）
鼓励	gǔlì	（13，2）	骨灰	gǔhuī	（16，2）

H

好不容易	hǎobùróngyì	（1，1）	豁然开朗	huòrán kāilǎng	（8，2）
好好儿	hǎohāor	（2，1）	蝴蝶	húdié	（9，2）
胡同儿	hútòngr	（2，1）	好玩儿	hǎowánr	（10，1）
恨	hèn	（3，1）	荒废	huāngfèi	（10，2）
汉族	Hànzú	（3，1）	话剧	huàjù	（11，1）
和谐	héxié	（3，1）	花生	huāshēng	（11，1）
和气	héqi	（3，1）	含冤	hán yuān	（11，2）
和气生财	héqi shēng cái	（3，1）	呼声	hūshēng	（13，2）
皇后	huánghòu	（3，2）	好客	hàokè	（14，1）
活动	huódòng	（4，1）	红眼病	hóngyǎnbìng	（14，1）
和平	hépíng	（4，2）	好奇	hàoqí	（14，1）
灰色	huīsè	（5，1）	混	hùn	（14，2）
好处	hǎochù	（6，2）	会（吃）	huì（chī）	（15，2）
回味	huíwèi	（7，1）	好离好散	hǎo lí hǎo sàn	（15，2）
回教	Huíjiào	（7，1）	合格	hégé	（15，2）
怀孕	huái yùn	（7，2）	合法	héfǎ	（15，2）
环境	huánjìng	（8，1）	旱灾	hànzāi	（16，1）
宏大	hóngdà	（8，2）	怀念	huáiniàn	（16，2）
划分	huàfēn	（8，2）			

J

简直	jiǎnzhí	（1，1）	建议	jiànyì	（2，1）
经济	jīngjì	（1，2）	郊	jiāo	（2，2）
建	jiàn	（1，2）	记得	jìde	（3，1）
解决	jiějué	（1，2）	讲究	jiǎngjiu	（3，1）
建设	jiànshè	（1，2）	竞争	jìngzhēng	（3，1）
加深	jiāshēn	（2，1）	军队	jūnduì	（3，2）
经商	jīngshāng	（2，1）	举例子	jǔ lìzi	（4，1）

既……也	jì……yě	(4,2)
精神	jīngshén	(4,2)
交通	jiāotōng	(5,1)
建立	jiànlì	(5,2)
就是……也	jiùshì……yě	(5,2)
街坊	jiēfang	(5,2)
祭	jì	(6,1)
加	jiā	(6,1)
节气	jiéqi	(6,1)
加油	jiā yóu	(8,1)
景物	jǐngwù	(8,2)
借景	jièjǐng	(8,2)
巨大	jùdà	(8,2)
基督教	Jīdūjiào	(9,1)
交替	jiāotì	(9,1)
君王	jūnwáng	(9,2)
角儿	juér	(10,1)
精彩	jīngcǎi	(10,1)
价值观	jiàzhíguān	(10,1)
教育	jiàoyù	(10,2)
军人	jūnrén	(11,1)
节目	jiémù	(11,1)
讲学	jiǎng xué	(11,2)
基本	jīběn	(12,1)
奖金	jiǎngjīn	(12,1)
减少	jiǎnshǎo	(12,1)
家族	jiāzú	(12,2)
家长	jiāzhǎng	(12,2)
家谱	jiāpǔ	(12,2)
基础	jīchǔ	(12,2)
将来	jiānglái	(13,1)
价钱	jiàqian	(13,1)
家常菜	jiāchángcài	(13,1)
家务	jiāwù	(13,1)
经济上	jīngjì shàng	(13,1)
嫁鸡随鸡	jià jī suí jī	(13,2)
交(朋友)	jiāo (péngyou)	(14,1)
简单	jiǎndān	(14,1)
究竟	jiūjìng	(14,2)
交往	jiāowǎng	(14,2)
技术	jìshù	(15,1)
具体	jùtǐ	(15,1)
即使	jíshǐ	(15,1)
煎炒烹炸	jiān chǎo pēng zhá	(15,2)
借酒消愁	jiè jiǔ xiāo chóu	(15,2)
交易	jiāoyì	(15,2)
拒绝	jùjué	(16,1)
家世	jiāshì	(16,1)
经验	jīngyàn	(16,1)
剪	jiǎn	(16,2)
奖	jiǎng	(16,2)

K

侃大山	kǎn dàshān	(1,1)
看来	kànlái	(2,1)
磕头	kētóu	(3,1)
困难	kùnnan	(4,2)
可乐	Kělè	(5,1)
靠	kào	(6,1)
看法	kànfǎ	(6,2)
苦	kǔ	(7,1)
空气	kōngqì	(8,1)
科班	kēbān	(10,2)
苦难	kǔnàn	(11,2)
抗日救亡	Kàng Rì jiù wáng	(11,2)
烤鸭	kǎoyā	(12,1)
科研	kēyán	(13,1)

附录一

看得起	kàndeqǐ	(14,2)
看不起	kànbuqǐ	(14,2)
科学	kēxué	(15,1)
口音	kǒuyīn	(15,1)
口味	kǒuwèi	(15,1)
夸	kuā	(15,1)
可靠	kěkào	(15,1)
炕	kàng	(16,1)
开放	kāifàng	(16,2)

L

老爷车	lǎoyechē	(1,1)
铃儿	língr	(1,1)
落后	luò hòu	(1,2)
另	lìng	(2,1)
旅行	lǚxíng	(2,1)
流连忘返	liúlián wàng fǎn	(2,2)
老百姓	lǎobǎixìng	(3,1)
理解	lǐjiě	(4,1)
力量	lìliang	(4,2)
力气	lìqi	(5,1)
老	lǎo	(5,1)
遛鸟儿	liù niǎor	(5,1)
联系	liánxì	(5,2)
龙凤	lóngfèng	(6,1)
旅行支票	lǚxíng zhīpiào	(7,1)
喇嘛教	Lǎmajiào	(7,1)
落	luò	(7,2)
露水	lùshui	(7,2)
垃圾	lājī	(8,1)
连	lián	(8,2)
露	lù	(8,2)
立体	lìtǐ	(8,2)
老板	lǎobǎn	(10,2)
聊天儿	liáo tiānr	(11,1)
来往	láiwǎng	(12,1)
辣	là	(13,1)
离婚	lí hūn	(13,2)
另外	lìngwài	(14,1)
露脸	lòu liǎn	(14,2)
留面子	liú miànzi	(14,2)
理由	lǐyóu	(15,2)
烙饼	làobǐng	(16,1)
粮食	liángshi	(16,1)
劳动力	láodònglì	(16,1)

M

免得	miǎnde	(1,1)
茉莉花	mòlìhuā	(2,1)
目的	mùdì	(2,1)
梦见	mèngjiàn	(2,1)
名胜古迹	míng shèng gǔ jì	(2,2)
满族	Mǎnzú	(3,1)
蒙古人	Měnggǔrén	(3,1)
骂	mà	(3,1)
母以子贵	mǔ yǐ zǐ guì	(3,2)
埋	mái	(4,1)
迷信	míxìn	(4,1)
矛盾	máodùn	(4,2)
迷路	mí lù	(5,1)
蒙古族	Měnggǔzú	(5,2)
密切	mìqiè	(5,2)
民主	mínzhǔ	(5,2)

马上	mǎshàng	(10,2)
民乐	mínyuè	(11,1)
马马虎虎	mǎmahūhu	(11,2)
免费	miǎn fèi	(11,2)
麻烦	máfan	(12,1)
面子	miànzi	(12,2)
某	mǒu	(14,2)
美味佳肴	měiwèi jiāyáo	(15,2)
摩托车	mótuōchē	(16,1)

N

农业	nóngyè	(1,2)
年号	niánhào	(3,2)
难以	nányǐ	(4,1)
暖气	nuǎnqì	(5,1)
逆转	nìzhuǎn	(9,1)
宁可	nìngkě	(10,1)
年代	niándài	(11,2)
女婿	nǚxu	(12,1)
能干	nénggàn	(13,1)
男尊女卑	nán zūn nǚ bēi	(13,2)
牛	niú	(15,2)
牛肉	niúròu	(15,2)
难忘	nánwàng	(16,1)

P

破	pò	(1,1)
怕	pà	(3,1)
平地	píngdì	(4,1)
培养	péiyǎng	(10,2)
贫民	pínmín	(11,2)
陪伴	péibàn	(12,2)
平时	píngshí	(13,1)
平等	píngděng	(13,1)
皮	pí	(14,2)
碰上	pèngshàng	(16,1)
贫穷	pínqióng	(16,2)
派	pài	(16,2)

Q

权力	quánlì	(3,1)
亲人	qīnrén	(4,1)
穷	qióng	(4,1)
起名	qǐ míng	(5,2)
其中	qízhōng	(6,2)
清静	qīngjìng	(7,1)
其他	qítā	(7,2)
晴朗	qínglǎng	(7,2)
庆祝	qìngzhù	(8,1)
区	qū	(8,1)
却	què	(9,1)
强调	qiángdiào	(9,2)
情景	qíngjǐng	(10,1)
旗人	Qírén	(11,1)
钱粮	qiánliáng	(11,1)
其实	qíshí	(11,1)
气功	qìgōng	(11,1)
起点	qǐdiǎn	(11,2)
亲情	qīnqíng	(12,2)
歧视	qíshì	(13,2)

权利	quánlì	(13,2)
气氛	qìfēn	(14,1)
抢	qiǎng	(14,1)
情面	qíngmiàn	(14,2)
亲近	qīnjìn	(15,1)
求学	qiú xué	(16,2)

R

人口	rénkǒu	(1,2)
如(例如)	rú(lìrú)	(2,2)
扔	rēng	(3,1)
然而	rán'ér	(3,2)
入侵	rùqīn	(4,1)
日出而作，	rì chū ér zuò，	(4,2)
日入而息	rì rù ér xī	
认为	rènwéi	(6,1)
人类	rénlèi	(6,2)
人山人海	rén shān rén hǎi	(7,1)
人生	rénshēng	(9,2)
热闹	rè'nao	(10,1)
入门儿	rù ménr	(10,1)
任	rèn	(10,2)
软中有硬	ruǎn zhōng yǒu yìng	(11,2)
如今	rújīn	(11,2)
儒家	Rújiā	(12,2)
忍受	rěnshòu	(13,2)
仍然	réngrán	(13,2)
柔和	róuhé	(15,2)
人情味儿	rénqíngwèir	(15,2)
荣誉	róngyù	(16,2)

S

数不清	shǔbuqīng	(1,1)
私人	sīrén	(1,1)
随时	suíshí	(1,1)
社会	shèhuì	(1,2)
升学	shēng xué	(1,2)
时差	shíchā	(2,1)
实际上	shíjìshàng	(2,1)
水平	shuǐpíng	(2,1)
四合院	sìhéyuàn	(2,1)
熟悉	shúxī	(2,1)
少数	shǎoshù	(2,2)
寺庙	sìmiào	(2,2)
使	shǐ	(2,2)
随便	suíbiàn	(3,1)
少数民族	shǎoshù mínzú	(3,1)
世纪	shìjì	(3,1)
市场	shìchǎng	(3,1)
生(孩子)	shēng(háizi)	(3,2)
所有	suǒyǒu	(3,2)
烧纸	shāo zhǐ	(4,1)
世世代代	shìshì dàidài	(4,2)
沙漠	shāmò	(4,2)
说曹操，	shuō Cáocāo，	(5,1)
曹操就到	Cáocāo jiù dào	
设备	shèbèi	(5,1)
舍不得	shěbude	(5,1)
水井	shuǐjǐng	(5,2)
所谓	suǒwèi	(5,2)

逝世	shìshì	(5,2)
时辰	shíchen	(6,1)
数字	shùzì	(6,1)
神	shén	(6,1)
思想	sīxiǎng	(6,2)
生病	shēng bìng	(7,1)
神话	shénhuà	(7,2)
树枝	shùzhī	(7,2)
顺便	shùnbiàn	(8,1)
山峰	shānfēng	(8,1)
随地吐痰	suí dì tǔ tán	(8,1)
山水画	shānshuǐhuà	(8,2)
深远	shēnyuǎn	(9,1)
顺应	shùnyìng	(9,1)
山洞	shāndòng	(9,1)
上帝	shàngdì	(9,1)
事物	shìwù	(9,2)
时期	shíqī	(10,1)
时代	shídài	(10,1)
涉及	shèjí	(10,2)
受罚	shòu fá	(10,2)
始终	shǐzhōng	(10,2)
傻帽儿	shǎmàor	(11,1)
失望	shīwàng	(11,1)
说书的	shuōshūde	(11,1)
私塾	sīshú	(11,2)
说定	shuōdìng	(12,1)
实在	shízai	(12,1)
三世同堂	sān shì tóng táng	(12,2)
守孝	shǒu xiào	(12,2)
失业	shī yè	(12,2)
事迹	shìjì	(12,2)
说实话	shuō shíhuà	(13,1)
三从四德	sān cóng sì dé	(13,1)
失去	shīqù	(13,2)
收入	shōurù	(13,2)
稍	shāo	(14,1)
说明	shuōmíng	(14,1)
实惠	shíhuì	(14,1)
死要面子，活受罪	sǐ yào miànzi, huó shòu zuì	(14,2)
甚至	shènzhì	(14,2)
山穷山尽	shān qióng shuǐ jìn	(14,2)
省	shěng	(15,1)
算	suàn	(15,1)
生存	shēngcún	(15,2)
实在	shízài	(16,1)
水灾	shuǐzāi	(16,1)
(乡镇)企业	(xiāngzhèn)qǐyè	(16,1)
神仙	shénxiān	(16,2)
生前	shēngqián	(16,2)

T

太监	tàijiàn	(3,1)
特别	tèbié	(3,1)
通过	tōngguò	(3,2)
体现	tǐxiàn	(4,2)
退休	tuìxiū	(5,1)
拓宽	tuò kuān	(5,2)
台基	táijī	(6,1)
天然	tiānrán	(6,1)

同胞	tóngbāo	(6,2)	土生土长	tǔ shēng tǔ zhǎng	(9,1)
统一	tǒngyī	(6,2)	徒弟	túdi	(10,2)
体会	tǐhuì	(7,1)	题材	tícái	(11,2)
甜	tián	(7,1)	探望	tànwàng	(14,1)
特色	tèsè	(7,1)	同意	tóngyì	(15,1)
太棒了	tàibàngle	(7,1)	同乡	tóngxiāng	(15,1)
投	tóu	(7,2)	讨厌	tǎoyàn	(15,1)
填	tián	(7,2)	条件	tiáojiàn	(16,1)
天空	tiānkōng	(7,2)	淘气	táoqì	(16,1)

W

往往	wǎngwǎng	(2,1)	无功无已	wú gōng wú jǐ	(9,1)
文武百官	wén wǔ bǎi guān	(3,1)	五行	wǔxíng	(9,1)
惟一	wéiyī	(3,2)	无形	wúxíng	(9,2)
卫生	wèishēng	(5,1)	无为而治	wú wéi ér zhì	(9,2)
王公贵族	wánggōng guìzú	(5,2)	无所不在	wú suǒ bú zài	(9,2)
屋顶	wūdǐng	(6,1)	武打	wǔdǎ	(10,1)
万物	wànwù	(6,1)	舞台	wǔtái	(10,1)
问到点子上	wèn dào diǎnzi shàng	(6,1)	味儿	wèir	(11,2)
			万一	wànyī	(12,1)
维护	wéihù	(6,2)	无所谓	wúsuǒwèi	(14,2)
味道	wèidao	(7,1)	危险	wēixiǎn	(15,1)
外号	wàihào	(8,1)	挖	wā	(16,2)
污染	wūrǎn	(8,1)	晚年	wǎnnián	(16,2)
无为	wúwéi	(9,1)	物理学家	wùlǐxuéjiā	(16,2)

X

习惯	xíguàn	(1,1)	需要	xūyào	(1,2)
小偷	xiǎotōu	(1,1)	斜	xié	(2,2)
响	xiǎng	(1,1)	象征	xiàngzhēng	(3,1)
行人	xíngrén	(1,1)	吓一跳	xià yítiào	(3,1)
修	xiū	(1,2)	幸运	xìngyùn	(3,2)

选入	xuǎnrù	(3,2)	小丑	xiǎochǒu	(10,1)
心计	xīnjì	(3,2)	许多	xǔduō	(10,2)
兴建	xīngjiàn	(4,1)	戏剧	xìjù	(10,2)
想像	xiǎngxiàng	(4,1)	相声	xiàngsheng	(11,1)
相信	xiāngxìn	(4,1)	闲人	xiánrén	(11,1)
孝道	xiàodào	(4,1)	消息	xiāoxi	(11,1)
血汗	xuèhàn	(4,2)	消息灵通	xiāoxi língtōng	(11,1)
性格	xìnggé	(4,2)	(男)性	(nán)xìng	(12,2)
相当于	xiāngdāngyú	(5,1)	孝顺	xiàoshùn	(12,2)
下象棋	xià xiàngqí	(5,1)	血缘	xuèyuán	(12,2)
星宿	xīngxiù	(6,1)	相当	xiāngdāng	(13,1)
形成	xíngchéng	(6,2)	现做现吃	xiàn zuò xiàn chī	(13,1)
吸引	xīyǐn	(7,1)	限制	xiànzhì	(13,2)
信	xìn	(7,1)	休妻	xiū qī	(13,2)
笑话	xiàohua	(7,1)	现象	xiànxiàng	(13,2)
星星	xīngxing	(7,2)	现状	xiànzhuàng	(14,1)
想像力	xiǎngxiànglì	(7,2)	羡慕	xiànmù	(14,1)
新鲜	xīnxiān	(8,1)	兴趣	xìngqù	(14,1)
小巧	xiǎoqiǎo	(8,2)	下海	xià hǎi	(14,1)
心理	xīnlǐ	(8,2)	相反	xiāngfǎn	(14,2)
相对成景	xiāng duì chéng jǐng	(8,2)	心怀鬼胎	xīn huái guǐ tāi	(15,1)
心旷神怡	xīn kuàng shén yí	(8,2)	信任	xìnrèn	(15,1)
修行	xiūxíng	(9,1)	信仰	xìnyǎng	(15,2)
相生相克	xiāng shēng xiāng kè	(9,1)	鲜美	xiānměi	(15,2)
			寻根	xún gēn	(16,1)
醒	xǐng	(9,2)	寻找	xúnzhǎo	(16,1)
戏	xì	(10,1)	乡情	xiāngqíng	(16,2)

Y

遇	yù	(1,1)	以及	yǐjí	(2,2)
一知半解	yì zhī bàn jiě	(2,1)	游人	yóurén	(2,2)
要求	yāoqiú	(2,2)	游牧民族	yóumù mínzú	(3,1)

附录一

于是	yúshì	(3,2)
阴(阳)间	yīn(yáng)jiān	(4,1)
一带	yídài	(5,1)
一直	yìzhí	(5,1)
一般	yìbān	(5,1)
拥挤	yōngjǐ	(5,1)
原来	yuánlái	(5,1)
译音	yìyīn	(5,2)
远亲不如近邻	yuǎnqīn bùrú jìnlín	(5,2)
延伸	yánshēn	(5,2)
圆	yuán	(6,1)
圆形	yuánxíng	(6,1)
沿	yán	(6,1)
意义	yìyì	(6,1)
影响	yǐngxiǎng	(6,2)
一致	yízhì	(6,2)
严重	yánzhòng	(7,1)
艺术	yìshù	(7,2)
淹	yān	(7,2)
眼泪	yǎnlèi	(7,2)
阴历	yīnlì	(8,1)
烟头	yāntóu	(8,1)
园林	yuánlín	(8,2)
宇宙	yǔzhòu	(9,1)
有形	yǒuxíng	(9,2)
意志	yìzhì	(9,2)
欲望	yùwàng	(9,2)
演员	yǎnyuán	(10,1)
摇晃	yáohuàng	(10,1)
一流	yīliú	(10,1)
原因	yuányīn	(10,1)
因果报应	yīnguǒ bàoyīng	(10,1)
影片	yǐngpiàn	(10,2)
演	yǎn	(10,2)
严厉	yánlì	(10,2)
严师出高徒	yánshī chū gāotú	(10,2)
饮茶	yǐn chá	(11,1)
一生	yìshēng	(11,2)
由	yóu	(12,2)
(有)福气	(yǒu)fúqi	(13,1)
压迫	yāpò	(13,2)
约	yuē	(14,1)
意见	yìjiàn	(14,1)
腰缠万贯	yāo chán wàn guàn	(14,2)
有限	yǒuxiàn	(15,1)
野蛮	yěmán	(15,2)
羊	yáng	(15,2)
羊肉	yángròu	(15,2)
优美	yōuměi	(15,2)
迎刃而解	yíng rèn ér jiě	(15,2)
原则	yuánzé	(15,2)
有出息	yǒu chūxi	(16,1)
要饭	yào fàn	(16,1)
寓言	yùyán	(16,2)
炎黄子孙	Yán-Huáng zǐsūn	(16,2)
叶落归根	yè luò guī gēn	(16,2)

Z

词语	拼音	课
住房	zhùfáng	（1,2）
值得	zhíde	（2,1）
做学问	zuò xuéwen	（2,1）
中心	zhōngxīn	（2,2）
展开	zhǎn kāi	（2,2）
正（南）	zhèng（nán）	（2,2）
整齐	zhěngqí	（2,2）
指路	zhǐ lù	（2,2）
作为	zuòwéi	（2,2）
做买卖	zuò mǎimai	（3,1）
主人	zhǔrén	（3,2）
政变	zhèngbiàn	（3,2）
治理	zhì lǐ	（3,2）
重要	zhòngyào	（3,2）
祖先	zǔxiān	（4,1）
做官	zuò guān	（4,1）
中华民族	Zhōnghuá Mínzú	（4,2）
知足常乐	zhī zú cháng lè	（4,2）
征服	zhēngfú	（4,2）
总统	zǒngtǒng	（4,2）
涨价	zhǎng jià	（5,1）
砖瓦	zhuānwǎ	（5,1）
种	zhòng	（5,1）
之间	zhījiān	（5,2）
柱子	zhùzi	（6,1）
至于	zhìyú	（6,1）
自然	zìrán	（6,2）
尊重	zūnzhòng	（6,2）
秩序	zhìxù	（6,2）
宗教	zōngjiào	（7,1）
哲学	zhéxué	（7,2）
主要	zhǔyào	（8,1）
整	zhěng	（8,1）
注意	zhùyì	（8,1）
再现	zàixiàn	（8,2）
造园	zào yuán	（8,2）
作者	zuòzhě	（9,1）
主张	zhǔzhāng	（9,1）
自由	zìyóu	（9,1）
战乱	zhànluàn	（9,1）
只要	zhǐyào	（9,2）
做梦	zuò mèng	（9,2）
知识分子	zhīshi fènzǐ	（9,2）
忠孝节义	zhōng xiào jié yì	（10,1）
做人	zuò rén	（10,2）
尊敬	zūnjìng	（10,2）
政府	zhèngfǔ	（11,1）
周末	zhōumò	（11,1）
杂技	zájì	（11,1）
战斗	zhàndòu	（11,2）
杂活儿	záhuór	（11,2）
正直	zhèngzhí	（11,2）
作品	zuòpǐn	（11,2）
终点	zhōngdiǎn	（11,2）
至少	zhìshǎo	（12,1）
赞成	zànchéng	（12,1）
政策	zhèngcè	（12,1）
长（晚）辈	zhǎng（wǎn）bèi	（12,2）
忠诚	zhōngchéng	（12,2）

丈夫	zhàngfu	（13,1）
政治	zhèngzhì	（13,1）
煮	zhǔ	（13,1）
赞扬	zànyáng	（13,2）
贞节	zhēnjié	（13,2）
只好	zhǐhǎo	（13,2）
正式	zhèngshì	（13,2）
重男轻女	zhòng nán qīng nǚ	（13,2）
真诚	zhēnchéng	（14,1）
直率	zhíshuài	（14,1）
准时	zhǔnshí	（14,1）
赚	zhuàn	（14,2）
自杀	zìshā	（14,2）
重视	zhòngshì	（15,1）
资源	zīyuán	（15,1）
做法	zuòfǎ	（15,1）
作用	zuòyòng	（15,2）
嘴短	zuǐ duǎn	（15,2）
祖祖辈辈	zǔzǔ bèibèi	（16,1）

专名索引

本索引为专名总表。按音序及出现的先后顺序排列，专名后括号里的前一个数字为该专名第一次出现的课文，后一个数字“1”表示该专名出现在对话里，“2”表示出现在短文里。

E

俄罗斯 Éluósī (4,1)

F

非洲 Fēizhōu (4,1)
佛香阁 Fóxiāng Gé (8,2)
丰盛胡同 Fēngshèng Hútòng (11,2)

G

故宫 Gùgōng (2,1)
光绪 Guāngxù (3,2)
高义伯胡同 Gāoyìbó Hútòng (5,2)
狗尾巴胡同 Gǒuyǐba Hútòng (5,2)
宫爆鸡丁 Gōngbào Jīdīng (7,1)
鬼见愁 Guǐjiànchóu (8,1)
广东 Guǎngdōng (11,1)
哥伦比亚大学 Gēlúnbǐyà Dàxué (16,2)

H

韩国 Hánguó (4,1)
后海 Hòuhǎi (5,1)
和敬公主 Héjìng gōngzhǔ (5,2)
皇城 Huángchéng (11,2)
湖南 Hú'nán (15,1)

J

景山 Jǐngshān (3,1)
京酱肉丝 Jīngjiàng Ròusī (7,1)
精卫填海 Jīngwèi tián hǎi (7,2)
旧金山 Jiùjīnshān (11,1)
江苏省 Jiāngsū Shěng (16,2)

K

孔子 Kǒngzǐ (2,1)
昆明湖 Kūnmíng Hú (8,2)
抗日战争 Kàng Rì Zhànzhēng (10,2)
孔圣人 Kǒng Shèngrén (14,1)

L

李莲英 Lǐ Liányīng (3,1)
李自成 Lǐ Zìchéng (3,2)
老子 Lǎozǐ (9,1)
吕祖（吕洞宾） Lǚzǔ(Lǚ Dòngbīn) (9,1)
老舍 Lǎoshě (11,1)
骆驼祥子 Luòtuo Xiángzi (11,1)
洛杉矶 Luòshānjī (11,1)
驴打滚儿 Lǘdǎgǔnr (11,1)

伦敦	Lúndūn	(11,2)
老舍故居	Lǎoshě Gùjū	(11,2)
老陈醋	Lǎochéncù	(15,1)
浏河镇	Liúhézhèn	(16,2)

M

茉莉	Mòlì	(1,1)
明朝	Míngcháo	(2,2)
孟姜女哭长城	Mèng Jiāngnǚ kū Chángchéng	(4,1)
麻婆豆腐	Mápó Dòufu	(7,1)
苗族吊脚楼	Miáozú Diàojiǎolóu	(7,1)
梅兰芳	Méi Lánfāng	(10,1)

N

纽约	Niǔyuē	(5,1)
女娃	Nǚwá	(7,2)

O

欧洲	Ōuzhōu	(14,1)

P

溥仪	Pǔyí	(3,1)
平安大街	Píng'ān Dàjiē	(5,2)

Q

清朝	Qīngcháo	(2,2)
前门	Qiánmén	(3,1)
乾隆皇帝	Qiánlóng Huángdì	(5,2)
祈年殿	Qǐnián Diàn	(6,1)
全聚德	Quánjùdé	(14,1)

S

十三陵	Shísān Líng	(4,1)
三环路	Sānhuán Lù	(5,1)
孙中山	Sūn Zhōngshān	(5,2)
世界之窗	Shìjièzhīchuāng	(6,1)
宋代	Sòngdài	(6,2)
双清	Shuāngqīng	(8,1)
苏州园林	Sūzhōu Yuánlín	(8,2)
十七孔桥	Shíqīkǒng Qiáo	(8,2)
四郎探母	Sìláng tàn mǔ	(10,1)
三国	Sānguó	(11,1)
水浒	Shuǐhǔ	(11,1)
舒	Shū	(11,2)
水煮牛肉	Shuǐ zhǔ Niúròu	(13,1)
松花蛋	Sōnghuādàn	(13,1)
山东	Shāndōng	(14,1)
山西	Shānxī	(15,1)
四川	Sìchuān	(15,1)
苏州	Sūzhōu	(15,1)

T

天坛	Tiān Tán	(2,1)
太和殿	Tàihé Diàn	(3,1)
铁狮子胡同	Tiěshīzi Hútòng	(5,2)
太上老君	Tàishànglǎojūn	(9,1)

附录二

注 释 索 引

本索引为注释总表(加点的部分为注释的内容)。按出现的先后顺序排列。注释项目后面括号里的前一个数字为该注释所在的课文,后一个数字"1"表示该注释点出现在对话部分,"2"表示出现在短文部分。

他们自己都能唱了 (10,1)
如果哪天有好演员来唱这出戏…… (10,1)
除了桌子和椅子别的什么也没有 (10,1)
演霸王的段老板…… (10,2)
冬练三九,夏练三伏 (10,2)
听说书的讲一段《三国》或《水浒》 (11,1)
花不了多少钱,就可以…… (11,1)
在一位英国朋友的帮助下…… (11,2)
请大家谈谈所见所想 (12,1)
中国还有这么一种艺术 (12,1)
至少有一半是老外。这你就老外了 (12,1)
对大部分中国人来说真是买不起 (12,1)
当然好了,就是怕太麻烦您了 (12,1)
我才不要弟弟呢 (12,1)
这会儿他正在厨房忙着炒菜呢 (13,1)
可不是吗 (13,1)
你们慢慢儿吃着 (13,1)
不像您年轻的时候,讲究三从四德 (13,1)
(男人)也可以有好几个妻子 (13,2)
时间一长,我发现桑林对人很真诚 (14,1)
大为,你真够朋友 (14,1)
你这下倒把我给问住了 (14,1)
你这下倒把我给问住了 (14,1)
你这下倒把我给问住了 (14,1)
你这下倒把我给问住了 (14,1)
还混了个山穷水尽 (14,2)
正因为面子如此重要 (14,2)
privacy 用中文还真不好翻译 (15,1)
具体到每个人,情况又有所不同 (15,1)
有这样几个铁哥们儿 (15,1)
中国人可不管这一套 (15,2)
东家请我们吃饺子,西家请我们吃烙饼 (16,1)
我们这一来,给你们家带来…… (16,1)
多出来的劳动力没有出路 (16,1)
从来没有忘了自己是炎黄子孙 (16,2)

功能项目索引

本索引为功能项目总表。分为表情、表态、表意、表事四类功能,不同功能或同一功能的不同表达形式均按出现的先后顺序排列。功能表达形式后面括号里的前一个数字表示该功能所在的课文,后一个数字"1"表示它出现在该课的对话部分,"2"表示它出现在短文部分。

A 还可以/真棒/(很)一般/不太好　(7,1)

S_1……怎么样？S_2 马马虎虎/不怎么样/很地道　(11,2)

A 马马虎虎/不怎么样/不太理解　(11,2)

10. 表示估计:A 也就 B(数量词语)　(10,1)
11. 表示最低限度:A 至少 B……　(12,1)
12. 没有别的选择:

A 只能 B……　(13,1)

A,只好 B……　(13,1)

13. 表示鼓励:A 鼓励 B……　(13,2)
14. 同意/不同意:A 同意/不同意 B……　(15,1)
15. 决定:A 决定 B……　(16,2)

三、表意功能:向对方传递某种信息的功能。

16. 传闻:(A)听说 B……　(1,1)
17. 避免出现某种情况:A,免得 B……　(1,1)
18. 解释意思:A,意思是(说)B……　(2,1)
19. 举例:

A,比方说/比如说/例如/如 B……　(2,2)

A,以 B 为例,C……　(8,2)

拿 A 来说(吧),B……　(12,1)

20. 追忆:我记得 A……　(3,1)
21. 认定:

A 把 B 当作/当成 C……　(3,1)

A 把 B 看成/看作 C……　(4,2)

22. 表达愿望/建议:(A)最好 B……　(4,1)
23. 表达看法:

在 A 看来,B……　(4,1)

A 认为/觉得 B……　(6,1)

24. 表示评论:可以说,A……　(4,2)
25. 提醒注意:

哎,(我说) A, B……　(7,1)

值得注意的是/应该注意的是,A……　(9,1)

26. 表示醒悟:怪不得 A,(原来) B……　(7,1)
27. 表示一向如此:A 总(是) B……(7,2)
28. 顺便做某事:A 顺便 B……　(8,1)

附录四

29. 选择：A，还是B（吧）（8，1）

30. 表示结论不变：

不论A（还是）B，都C……（8，1）

无论/不管AB，都C……（11，1）

31. 提出观点：A主张B……（9，1）

32. 表示意料之外：（A）没想到B……（12，1）

33. 发现某情况：A发现B……（14，1）

34. 约定某事：A说定/约好B……（14，1）

35. 补充：A，另外/此外B……（14，1）

36. 表示非此即彼：……不是A就是B（16，1）

四、表事功能：表达客观事物的一般意念或事物之间的关系。

37. 比较：

（A）跟B比，C……（1，2）

A不如B（+C）（5，2）

38. 换个说法：A，（也）就是说，B……（1，2）

39. 条件和结果：

只有A，才B……（2，1）

谁A（谁）就B/什么A（就）V什么B（5，1）

只要A就B……（9，2）

40. 叙述顺序：

先A，又B，最后C/先A，然后B，最后C/先A，再B，最后C（3，2）

41. 引出某种说法：说是A，（其实B）（3，2）

42. 某时以后：（A）以后，B……（5，1）

43. 表示近似：A相当于B……（5，1）

44. 表示让步：

就是A，也B……（5，2）

即使A，也B……（16，2）

45. 假设和结论：

如果/要是A，就B……（6，1）

如果说A，那么B……（9，2）

46. 转换话题：A，至于B，C……（6，1）

47. 相关/无关：A跟B有关/无关（6，2）

48. 引出新话题：

对了，A……（7，1）

说起 A,B…… (12,1)

49. 指代过去某时:A,当时 B…… (7,1)
50. 递进关系:(A)不但 B,而且 C…… (9,1)
51. 表示取舍:A 宁可 B,也(不)C…… (10,1)
52. 表示关涉:A 涉及(到)B…… (10,2)
53. 目的和条件:要想 A,就得 B…… (10,2)
54. 表示从某一角度来看:对 A 来说,B…… (12,1)
55. 引出依据:按照 A,B…… (12,2)
56. 分类:A 分为/分成 B (B_1,B_2……) (14,2)
57. 表示转折:A,相反,B…… (14,2)
58. 表示包括:A 包括 B (B_1,B_2……) (15,1)
59. 推论:A(A_1,A_2……),可见 B…… (15,2)

中国历史年代简表

五帝 Wǔ Dì

（黄帝、颛顼 Zhuān Xū、帝喾 Dì Kù、尧 Yáo、舜 Shùn）约公元前 26 世纪初——约公元前 22 世纪末至约公元前 21 世纪初

夏 Xià

约公元前 22 世纪末至约公元前 21 世纪初——约公元前 17 世纪初

商 Shāng

约公元前 17 世纪初——约公元前 11 世纪

周 Zhōu

西周：约公元前 11 世纪——公元前 771 年

春秋 Chūnqiū

公元前 770 年——公元前 476 年

战国 Zhànguó

公元前 475 年——公元前 221 年

秦 Qín

公元前 221 年——公元前 206 年

汉 Hàn

西汉：公元前 206 年——公元 25 年

东汉：公元 25 年——公元 220 年

三国 Sānguó

（魏 wèi、蜀 shǔ、吴 wú）

公元 220 年——公元 265 年

晋 Jìn

西晋：公元 265 年——公元 317 年

东晋：公元 317 年——公元 420 年

南北朝 Nán – Běi Cháo

公元 420 年——公元 589 年

隋 Suí

公元 581 年——公元 618 年

唐 Táng

公元 618 年——公元 907 年

五代 Wǔdài

公元 907 年—— 960 年

宋 Sòng

北宋：公元 960 年——公元 1127 年

南宋：公元 1127 年——公元 1279 年

元 Yuán

公元 1206 年——公元 1368 年

明 Míng

公元 1368 年——公元 1644 年

清 Qīng

公元 1616 年——公元 1911 年

中华民国 Zhōnghuá Mínguó

1912 —— 1949 年

中华人民共和国 Zhōnghuá Rénmín Gònghéguó

1949 年 10 月 1 日成立

附录六

中国行政区划简表

	全　　　称	简称	人民政府驻地
直辖市	北京市 Běijīng Shì	京	北京
	上海市 Shànghǎi Shì	沪 hù 或申	上海
	天津市 Tiānjīn Shì	津	天津
	重庆市 Chóngqìng Shì	渝 yú	重庆
省、自治区	河北省 Héběi Shěng	冀 jì	石家庄市
	山西省 Shānxī Shěng	晋 jìn	太原市
	内蒙古自治区 Nèiměnggǔ Zìzhìqū	内蒙古	呼和浩特市
	辽宁省 Liáoníng Shěng	辽	沈阳市
	吉林省 Jílín Shěng	吉	长春市
	黑龙江省 Hēilóngjiāng Shěng	黑	哈尔滨市
	陕西省 Shǎnxī Shěng	陕或秦	西安市
	甘肃省 Gānsù Shěng	甘或陇	兰州市
	宁夏回族自治区 Níngxià Huízú Zìzhìqū	宁	银川市
	青海省 Qīnghǎi Shěng	青	西宁市
	新疆维吾尔自治区 Xīnjiāng Wéiwú'ěr Zìzhìqū	新	乌鲁木齐市
	山东省 Shāndōng Shěng	鲁 lǔ	济南市
	江苏省 Jiāngsū Shěng	苏	南京市
	浙江省 Zhèjiāng Shěng	浙	杭州市
	安徽省 Ānhuī Shěng	皖 wǎn	合肥市
	江西省 Jiāngxī Shěng	赣 gàn	南昌市
	福建省 Fújiàn Shěng	闽 mǐn	福州市
	河南省 Hénán Shěng	豫 yù	郑州市
	湖北省 Húběi Shěng	鄂 è	武汉市
	湖南省 Húnán Shěng	湘 xiāng	长沙市
	广东省 Guǎngdōng Shěng	粤 yuè	广州市
	广西壮族自治区 Guǎngxī Zhuàngzú Zìzhìqū	桂 guì	南宁市
	海南省 Hǎinán Shěng	琼 qióng	海口市
	四川省 Sìchuān Shěng	川或蜀	成都市
	贵州省 Guìzhōu Shěng	黔 qián 或贵	贵阳市
	云南省 Yúnnán Shěng	滇 diān 或云	昆明市
	西藏自治区 Xīzàng Zìzhìqū	藏	拉萨市
香港特别行政区 Xiānggǎng Tèbié Xíngzhèngqū 于 1997 年 7 月 1 日设立			
澳门特别行征区 Àomén Tèbié Xíngzhèngqū 于 1999 年 12 月 20 日设立			
台湾省 Táiwān Shěng，简称台，行政中心在台北			